ÉTIENNE GAMONNET

AU BOUSCHET DE PRANLES
ÉTIENNE DURAND ET LES SIENS
UN SIÈCLE DE RÉSISTANCE PROTESTANTE PACIFIQUE EN VIVARAIS

Préface de Pierre BOLLE

Les Presses du Languedoc

DU MÊME AUTEUR

Sourounétos dè lo Pervéntso (Récits paysans ardéchois). Texte ardéchois et traduction française. Imprimeries Réunies, Valence, 1977 (épuisé).

Lo touèro é los olidzos (Nouveaux récits ardéchois). Texte ardéchois et traduction française. Imprimeries Réunies, Valence, 1980. Chez l'auteur, avenue Clemenceau, 07500 Granges-lès-Valence.

Lettres de Marie Durand. Presses du Languedoc, 1986. Une vingtaine d'exemplaires restent au Musée du Vivarais Protestant, Bouschet de Pranles, 07000 Privas.

AU BOUSCHET DE PRANLES

ÉTIENNE DURAND ET LES SIENS

UN SIÈCLE DE RÉSISTANCE
PROTESTANTE PACIFIQUE
EN VIVARAIS

À ma femme, Maria GAMONNET-BRIDOUX,
dont l'affectueux soutien et les conseils mesurés ont constitué pour moi l'aide la plus précieuse.

PRÉFACE

Étienne Gamonnet est un homme du Vivarais, né à Saint-Julien-du-Gua dans une famille protestante depuis la Réforme. Après des études secondaires à Privas, il poursuit sa formation littéraire à la faculté de Grenoble où il est l'élève du célèbre philologue Antonin Duraffour. Après avoir passé les concours de recrutement, il enseigne les lettres au lycée de Valence pendant trois décennies et il participe à l'inspection pédagogique dans la Drôme et dans l'Ardèche.

Dès l'âge de onze ans, il découvre la maison des Durand au Bouschet sous l'influence de sa mère et du pasteur Pierre Bourguet qui deviendra pour lui un maître vénéré. Depuis plus de 30 ans, il participe avec ardeur aux activités du Musée et il publie en 1986 *Les lettres de Marie Durand, prisonnière à la Tour de Constance de 1730 à 1768*. Les travaux d'André Fabre, de Daniel Benoît, de Samuel Mours et de Frédéric Mayor ont permis de bien connaître les personnalités attachantes de Pierre Durand et de sa sœur Marie. Mais on ne savait que peu de chose, ou rien, sur Étienne Durand et Claudine Gamonnet. C'est cette lacune qu'Étienne Gamonnet cherche à combler avec cet ouvrage.

Étienne Gamonnet nous présente ici le *Mémoire* d'Étienne Durand qui couvre la période 1619-1728. Les événements intervenus avant 1670 sont résumés. Mais par la suite, nous avons beaucoup plus de détails, des informations sur la vie au Bouschet, particulièrement précieuses pour la période de « l'Église sous la Croix » à partir de 1675. Nous avons là un témoignage rare sur la vie quotidienne du ménage d'Étienne et de Claudine. Étienne est expert-foncier ; il a reçu une instruction au-dessus de la moyenne, sa formation paraît assez complète, il a une belle écriture et une signature vigoureuse.

Il connaît bien sa Bible et la lit régulièrement. Il aime les Psaumes et il grave le début du premier verset du 51e sur le porche de sa maison : « Ô Dieu ! Aie pitié de moi. » Il témoigne de son espérance et de sa reconnaissance en inscrivant « Loué soy Dieu » sur le manteau de la cheminée. Néanmoins, ce N.C. (Nouveau converti) se conduit comme les autres durant les trois premières décennies qui suivent la Révocation : il se marie à l'église et ses deux enfants, Pierre et Marie, sont baptisés par le curé. Certes, il exprime ses scrupules mais il fait preuve de prudence... Il se fait l'écho des prophéties d'Isabeau Vincent, la bergère de Saou, des assemblées clandestines, de la guerre des Cévennes et de ses prolongements en Vivarais ; mais il ne néglige pas les rigueurs de l'hiver de 1709 et la présence des loups en 1727.

Tout au long de la présentation et de l'analyse de ce *Mémoire*, Étienne Gamonnet n'hésite pas à en contrôler la véracité en menant une lecture parallèle des écrits de l'évêque Esprit Fléchier ou du curé Bouchardon, de ceux des historiens Charles Bost, Samuel Mours ou Albin Mazon.

Le « tournant » de 1719 est souligné avec lucidité par Étienne Gamonnet, articulation fondamentale dans l'attitude des Huguenots du Vivarais durant ce siècle de persécution et de clandestinité. C'est ici qu'intervient la « voie médiane », point central de cet ouvrage, comportement original des N. C. ardéchois. Henri Manen avait déjà décelé cette nouvelle attitude « entre la passivité de la résignation et la violence de l'insurrection ». Mais Étienne Gamonnet nous apporte sur ce thème des pages neuves et nous permet de découvrir ce passage d'une « fidélité discrète » à une « fidélité ouverte ». Là se situe le départ de Pierre Durand pour recevoir en Suisse une formation théologique de « ministre » et non plus seulement de prédicant. Si Claude Brousson est à l'origine de cette « voie médiane », Pierre Corteiz, Antoine Court et Pierre Durand en sont les artisans. C'est avec eux que se produit cette reconstruction d'une Église réformée et sa réorganisation. Pierre Durand prend l'initiative de convoquer le premier Synode du Désert en Vivarais en 1721 et c'est dans cette province que se tient cinq ans plus tard le premier Synode national du Désert.

Cette période de renouveau est aussi marquée par des interventions violentes du pouvoir : les arrestations se multiplient ; Étienne Durand est envoyé au fort de Brescou et y reste 14 ans, jusqu'en 1743. Marie Durand entre à 19 ans à la Tour de Constance pour 38 années d'enfermement. Il est émouvant de trouver dans cet ouvrage quelques-unes des lettres échangées entre le père et la fille, en particulier celle du 13 septembre 1730 où ce « religionnaire obstiné » encourage Marie à « se réjouir au Seigneur » et à « ne perdre point courage ».

Dans un dernier chapitre, Étienne Gamonnet souligne avec bonheur la présence de la famille Durand dans cette maison forte du Bouschet de Pranles, lieu de mémoire privilégiée, celle de Marie, faite de résistance et de rayonnement, celle de Pierre, homme de l'ombre et homme de douleur, celle d'Étienne et de Claudine, à la fidélité discrète et au refus de la violence. Au terme de cet ouvrage consacré à la famille Durand, « symbole d'une lutte collective contre les tentatives d'étouffement d'une minorité », qu'Étienne Gamonnet soit remercié d'avoir retracé pour nous cette « leçon de vie » !

Pierre BOLLE,
Université Pierre Mendès-France,
de Grenoble II

Avant-propos

« C'était la voie médiane entre la passivité de la résignation et la violence de l'insurrection »

Pasteur Henri Manen à propos des projets de résistance pacifique de Claude Brousson en 1683.

Le pasteur Daniel Benoît, pour écrire son livre sur Marie Durand [1], se rendit en visite au Bouschet de Pranles, sous la conduite de son ami le pasteur Édouard Delon. Il rapporte cette promenade à la dernière page de son ouvrage (1894) et termine en ces termes :

> « C'est en vain que dans ces lieux qui l'ont vue naître ils parlèrent de l'héroïne d'Aigues-Mortes ; c'est en vain qu'ils interrogèrent les vieillards du hameau, le Bouschet de Pranles a perdu le souvenir de cette famille de confesseurs et de martyrs. »

Nous mesurons le chemin parcouru en un siècle, maintenant que nous voyons arriver tous les ans au Bouschet entre trois et quatre mille visiteurs venus de l'Europe, de l'Afrique, de l'Amérique et presque, pourrait-on dire, du monde entier. Cependant bien des coins d'ombre subsistent et les vieux papiers jaunis, conservés ici ou là, ont encore beaucoup à nous apprendre. Pierre et Marie sont maintenant bien connus, mais encore peu leurs parents, l'actif Étienne Durand et la très effacée Claudine dont on sait seulement le nom et l'usage qu'elle a fait de la partie de maison qui lui venait de ses parents. Or l'activité des parents, leur fidélité religieuse ont largement contribué à préparer l'œuvre et le témoignage de Pierre et de Marie pour le protestantisme régional et même, avec beaucoup d'autres, pour le rétablissement de la liberté de conscience, la liberté religieuse en premier lieu.

« Une Ardéchoise vue par un Ardéchois », disait Fred. Mayor à propos des *« Lettres de Marie Durand »*. C'est aussi dans cet esprit que j'ai essayé de raconter la vie mal connue d'Étienne et de Claudine et de dire ce que toute cette famille est pour nous.

---

1. D. Benoît : *Marie Durand prisonnière à la Tour de Constance*, Toulouse, Société des Livres religieux, 1894.

État ancien (crayon de Charles Granger-Veyron).

LA MAISON DURAND au Bouschet de Pranles

État actuel (cliché F. Mayor)

I

La jeunesse d'Étienne Durand

Étienne Durand est né le 27 août 1657. Cette date est donnée par D. Benoît, dans l'ouvrage déjà cité, mais sans indications de sources ; on peut penser que c'est Edouard Delon, pasteur à Pranles de 1873 à 1921, qui lui a permis de noter ce renseignement. Pierre Durand, le ministre, déclarait en 1729, que son père avait presque quatre-vingts ans, ce qui était sans doute fort exagéré, et Étienne lui-même se donne soixante-douze ans à la même date et environ quatre-vingt-cinq ans en 1740, ce qui est plus proche de la vérité. La précision de la date donnée par D. Benoît garantit son exactitude.

Il était fils de Pierre Durand et Isabeau de Cros. Louis Aurenche a remarqué à juste titre, d'après le compoix de Pranles, que si au Bouschet il y avait, dès le début du XVIIe siècle, un de Cros, un Bévengut, un Gamonnet, il n'y avait pas de Durand. Effectivement le père d'Étienne était venu du Vabre de Creysseilles, fils d'un autre Étienne et de Marie Vidal, et frère d'un troisième ; ce dernier, notons-le, car il s'agit de patronymes encore représentés à Creysseilles, épousa Isabeau Astruc, fille de Marie Charansol. Dans la famille Durand on avait compris déjà qu'on ne peut pas partager les domaines à chaque génération car Étienne, époux Astruc, se fit maréchal, laissant sans doute l'exploitation à un autre frère, René, alors que Jacques, qui pourrait bien être un quatrième frère, partit pour Villeneuve-lès-Privas où sa famille se consacrera au commerce du drap. Toute cette parenté se retrouvait, nous le verrons, à l'occasion des cérémonies religieuses ou des actes notariés.

Pierre, du Vabre, était donc parti au Bouschet de Pranles. Son fils, appelons-le Étienne du Bouschet, fut sans doute baptisé au temple de Pranles qu'il fréquenta certainement avec sa famille jusqu'à l'arrêt de 1664 qui condamnait les temples autour de Privas,

AU VABRE DE CREYSSEILLES

Étienne DURAND × Julie VIDAL

- Étienne maréchal × Isabeau Astruc elle-même fille de Marie Charansol
  - René, Étienne, Pierre, Jean, tous quatre témoins du contrat de mariage Étienne-Claudine (1691)
- René sera parrain de René, fils de son frère Pierre
- Pierre × Isabeau de CROS, fille de Henry et Anne PIZETTE, et va au Bouschet de Pranles
  - Étienne 1657-1749 × Claudine GAMONNET (voir généalogie plus loin)
  - Madeleine × Claude DURAND blancher de peaux à Alissas — Sera marraine de sa sœur Marie — Donne sa part de la succession à Étienne contre 132 livres
  - René baptisé à Ajoux par Reboulet 18-7-1671 Témoin Anthoine DURAND — × Jeanne DURAND 16-5-1711
    - 6 enfants: Jean 1712, Antoine 1716, René 1719, Jeanne 1721, Jacques 1724, Élisabeth 1726
  - Jacques baptisé par Reboulet 3-4-1673
  - Marie baptisée par Reboulet 24-11-1670 — × Jean VABRES de Pleineselve — Reçoit une légitime de 160 livres
    - Claudine × Gédéon ASTRUC
    - André × Claudine BERNARD
    - Jacques
    - Étienne × Marguerite ASTRUC
    - Marie × André MIRABEL
- (?) Jacques qui vit à Villeneuve-lès-Privas – marchand

A la même époque que Étienne Durand-Marie Vidal, vivent à Creysseilles Jacques Durand et Antoinette Mealhe qui ont au moins deux fils : Jean et Alexandre. Cette famille est-elle à l'origine d'une autre famille Durand du Bouschet (autre que celle d'Étienne et René) ? En effet, un Élie Durand, du Bouschet, fait baptiser Suzanne (1680) et Jean (1684), parrain Étienne du Bouschet.

A Creysseilles encore, une Catherine Durand et une Marie Durand signent un acte notarié en 1694. Une Jeanne Durand de Creysseilles est marraine à Baix, le 7 mars 1685 d'Isabeau Pizette, fille de Mathieu et Anne Durand.

et présageait l'incendie qui eut lieu en 1670 et que rapporte le « Mémoire » d'Étienne. Son pasteur fut essentiellement Pierre Reboulet qui, pasteur à Tournon-lès-Privas depuis 1637, desservait aussi les églises de Pranles, Creysseilles, résidant à Chassagnes, et, par la suite, rassembla de nombreux paroissiens de Privas et des alentours, au temple d'Ajoux, détruit seulement en 1684. Cette influence du pasteur Reboulet ne fut pas sans conséquences pour la suite des événements et la fidélité du témoignage de la famille Durand.

Quelle éducation reçut-il ? Fréquenta-t-il une école ? Un instituteur ou son pasteur, ou bien un membre de sa famille lui apprit-il à lire et à écrire ?

Il fut certainement, comme son fils le futur ministre, « envoyé aux écoles » pour apprendre « la pratique », puisqu'il sera expert foncier et qu'on l'appellera quelquefois Maître Durand. Toujours est-il qu'à partir du baptême de sa filleule Suzanne Durand le 10 janvier 1680 par le pasteur Reboulet, nous pouvons lire sa signature ferme et bien dessinée au bas de nombreux actes notariés ou religieux. Son père Pierre savait aussi écrire, et tous ses cousins du Vabre. La famille Durand était sans doute parmi celles qui recevaient la meilleure formation dans le pays.

Un cahier d'études, rédigé en 1662, nous apprend qu'on s'initiait particulièrement, outre la lecture et l'écriture, à l'arithmétique, aux quatre opérations, aux fractions, aux conversions en tiers, en quarts, en cinquièmes, etc., à la pratique des relations commerciales ; à la « règle des marchands de draperie » ; aux rapports entre les diverses unités de mesure de longueur, de poids, de surface, de prix, qui donnaient lieu à des opérations très compliquées, par exemple additions par cannes et pans, additions par quintaux et livres, livres et sols, de plus en plus complexes ; puis soustractions, multiplications (multiplications à nombre entier « là où est compris pour savoir en cette règle beaucoup de choses que avec multiplications on les saura ») ; multiplications à nombre « rompu » ; partions ; partions avec règle de trois. On apprenait aussi les « règles de compagnie », par exemple la première : « Trois marchands mettent argent ensemble pour gagner, qui ont acheté aucune marchandise qui coûte 125 livres, de quoi le premier a mis 25 livres, et le second a mis 64 livres, le tiers a mis 36 livres ; et ont gagné de cet argent 54 livres ; je demande combien chacun doive avoir de gain selon l'argent qu'il a mis » ; questions pour bâtir des maisons, pour couvrir une maison.

L'école, ou l'enseignement familial préparait, on le voit, à la vie pratique. De plus évidemment, on lisait la Bible et des livres religieux comme en témoignent ceux qui furent saisis chez Étienne, ou ceux qu'on a retrouvés dans de nombreuses maisons de la région.

Étienne Durand s'intéressait également à l'histoire locale, souvent étroitement dépendante de l'histoire régionale ou même nationale. Le « Mémoire » qui fut saisi chez lui lors d'une perquisition est conservé aux Archives de l'Hérault.

Les premières pages de ce manuscrit rapportent, en résumé, les événements survenus en Vivarais depuis 1619. Les premiers mots sont les suivants : « Mémoire de ce qui est arrivé à la ville de Privas le vingt-septième Décembre mil six cent dix-neuf... » Ces pages avaient-elles été rédigées par une autre personne et recopiées par Étienne Durand, ou bien celui-ci a-t-il disposé de sources pour les écrire ? De plus, quelques erreurs de jour, de mois, et même d'an (1684 pour 1683) semblent indiquer que les notes n'étaient pas consignées au jour le jour. On peut remarquer encore que le Mémoire semble avoir été recopié d'un seul jet car l'écriture ne présente guère de variations. Mais Étienne Durand y parle de lui à la première personne, il en est bien l'auteur. L'intérêt majeur de ces pages est de nous informer sur la manière dont on a vécu au Bouschet ces années difficiles.

Voici d'abord le début de ce Mémoire jusqu'aux événements de 1670 ; les notations sont rapides ; on verra cependant que les événements de 1653 ont laissé des souvenirs plus abondants, sans doute en raison de leurs conséquences encore ressenties pendant la jeunesse d'Étienne.

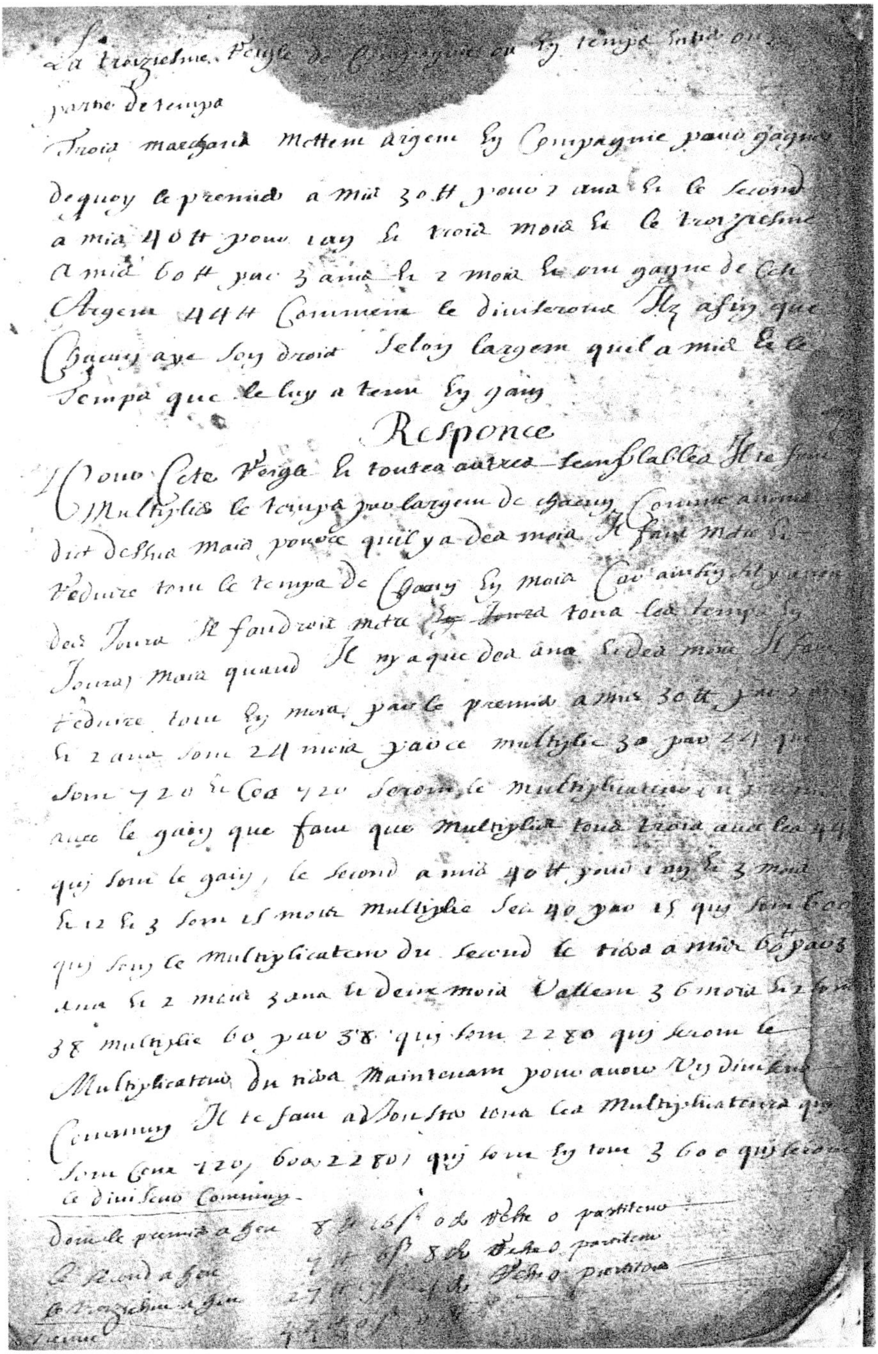
La troiziesme reigle de compagnie en temps ...
partie de temps
Trois marchans mettent argent en compagnie pour gaigner
de quoy le premier a mis 30 ll pour 2 ans et le second
a mis 40 ll pour un an et trois mois et le troiziesme
a mis 60 ll par 3 ans et 2 mois et ont gaigne de cest
argent 44 ll comment le diviseront ilz affin que
chacun aye son droit selon largent quil a mis et le
temps que le luy a tenu en gain
Responce
Pour ceste reigle et toutes autres semblables il te faut
multiplier le temps par largent de chacun comme avons
dit dessus mais pource quil y a des mois il faut mettre
reduire tout le temps de chacun en mois car ainsi sil y avoit
des jours il faudroit mettre tous les temps en
jours mais quand il ny a que des ans et des mois il faut
reduire tout en mois par le premier a mis 30 ll par 2 ans
et 2 ans sont 24 mois faut multiplier 30 par 24 qui
sont 720 et ces 720 seront le multiplicateur ...
avec le gain que faut que multiplier tous trois avec les 44
qui sont le gain, le second a mis 40 ll pour 1 an et 3 mois
et 12 et 3 sont 15 mois multiplie ses 40 par 15 qui sont 600
qui sont le multiplicateur du second le tiers a mis 60 ll par 3
ans et 2 mois 3 ans et deux mois vallent 36 mois et 2 sont
38 multiplie 60 par 38 qui sont 2280 qui seront le
multiplicateur du tiers maintenant pour avoir un diviseur
commun il te faut adjouster tous les multiplicateurs qui
sont cest 720, 600, 2280, qui sont en tout 3600 qui seront
le diviseur commun
Dont le premier a pour 8 ll 16 s 0 d et 0 partie
Le second a pour 7 ll 6 s 8 d et 0 partie
Le troiziesme a pour 27 ll 17 s 4 d et 0 partie
Somme ...

Page d'un cahier d'études de 1602.

La Vabre de Creysseilles, berceau des anciens Durand.
La maison Durand est celle qui possède une petite tour (pigeonnier).

Première et dernière pages du mémoire d'Étienne Durand.

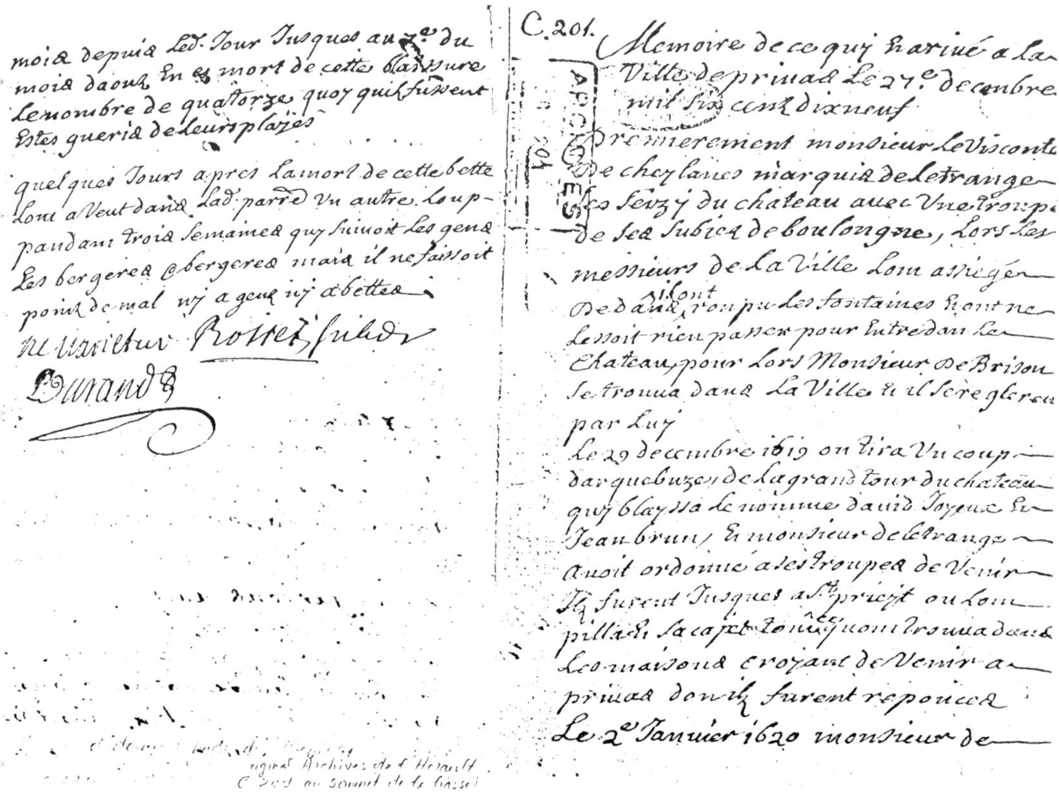

mois depuis led. Jour Jusques au 7e du
mois daout en est mort de cette blessure
le nombre de quatorze quoy quil fussent
estes gueris de leurs playes

quelques Jours apres la mort de cette bette
lon a veut dans lad. parre un autre loup
pandant trois semaines quy suivoit les gens
les bergeres et bergeres mais il ne faisoit
point de mal ny a gens ny a bettes

Durand

C. 201.

Memoire de ce quy sest arrivé a la
Ville de privas le 27e decembre
mil six cent dixneuf

Premierement monsieur le Viscomte
de cheylanes marquis de lestrange
sest saisy du chateau avec une troupe
de ses subiets de boulongne, lors les
messieurs de la Ville lont assiégé
dedans, ilz lont rompu les fontaines et ont ne
laissoit rien passer pour entrer dans le
chateau pour lors Monsieur de Brison
se trouva dans la Ville et il se reglera
par luy

Le 29 decembre 1619 on tira un coup
darquebuze de la grand tour du chateau
quy blayssa le nomme david Joyeux et
Jean brun, et monsieur de lestrange
avoit ordonné a ses troupes de venir
Ilz furent Jusques a St priest ou lon
pillat et saccagé tout ce quon trouva dans
les maisons croyant de venir a
privas dont ilz furent repoussés

Le 2e Janvier 1620 monsieur de

Mémoire de ce qui est arrivé à la ville de Privas le vingt-septième décembre mil six cent dix-neuf [2].

Premièrement [3], monsieur le Vicomte de Cheylane, marquis de Lestrange, s'est saisi du château avec une troupe de ses sujets de Boulogne. Lors les Messieurs de la Ville l'ont assiégé dedans ; ils ont rompu les fontaines et on ne laissait rien passer pour entrer dans le Château. Pour lors Monsieur de Brison se trouva dans la Ville, et ils se réglèrent par lui.

Le 29e décembre 1619, on tira un coup d'arquebuse de la grande tour du château, qui blessa le nommé David Joyeux et Jean Brun. Et Monsieur de Lestrange avait ordonné à ses troupes de venir. Ils furent jusqu'à Saint-Prieyt où l'on pilla et saccagea tout ce qu'on trouva dans les maisons, croyant de venir à Privas dont ils furent repoussés.

Le 2e janvier 1620 Monsieur de Blacons [4] est arrivé à Privas pour prier Madame de Chambaud et Mr de Lestrange de pacifier ces troubles, ou d'autrement qu'il ferait venir des troupes à Privas, un grand nombre pour arrêter un si grand désordre. Mr de Brison avait fait faire des fossés et des barricades pour se défendre à (= contre) ceux qui viendraient contre la ville.

Le 4e janvier 1620, Mr de Lestrange sortit du Château avec ses troupes.

Le même jour, Mr de Chamblard de Vals était arrivé à Privas sur le soir [5] et les Messieurs de la Ville l'ont renvoyé à Veyras avec sa compagnie.

Le dimanche 5e janvier, s'en retournant sur la promesse que Mr le Comte avait faite à Mr de Blacons, Mr de Lestrange les attendait en chemin où il les a trahis fort méchamment. Mr de Chamblard se voyant attaqué fit vaillamment. Il fut blessé d'un coup de mousquet, et Châteauvieux, capitaine, y mourut, et plusieurs autres. Le capitaine Lantonier y fut blessé d'un coup de mousquet, et vint mourir à Privas à la louange de Mr de Chamblard [6].

Le capitaine Rigol entra dans le château et fortifia la garde, le 17 mars 1620.

Le 21 mars on a quitté la garde de la Ville.

---

2. On a rectifié l'orthographe de l'original. *Mémoire d'Étienne Durand*, Archives de l'Hérault, C. 201, 45 pages.

3. Il s'agit de la première guerre de Religion sous le règne de Louis XIII. On se reportera, pour mieux comprendre ces événements à S. Mours : *Le Protestantisme en Vivarais et Velay.* On connaît l'histoire du mariage de Paule de Chambaud avec Claude de Hautefort, vicomte de Cheylane, fils de René de Lestrange, seigneur catholique, alors que les Privadois lui proposaient pour mari son propre beau-fils, protestant, Joachim de Beauvoir du Roure, seigneur de Brison, veuf sans enfants.

4. Beau-frère de Paule de Chambaud. M. de Lestrange est un autre nom de Cheylane.

5. Il s'agit de renforts appelés par Brison.

6. Le comte de Lestrange a tendu un piège, sur une fausse promesse.

Le 26 [7] mars dite année 1620, Mr le Vicomte de Cheylane et marquis de Lestrange est entré dans le Château, et a passé par un trou qu'on a fait à la muraille, il est venu pour épouser Madame de Chambaud.

Le 15e avril on a tiré des coups de mousquet du château sur la Ville. Et n'a été blessé aucun [8].

Le lendemain l'on a continué à tirer des coups de mousquet et de canon ; on a tué quelques-uns dans la Ville, de sorte que la bataille a duré onze jours.

Le 30 avril 1620, Mr de Montmorency est arrivé à Privas avec cinq compagnies d'infanterie et deux de cavalerie, et il en a mis une compagnie à chaque porte de la Ville.

Le dimanche 3e septembre 1620, Mr de Montmorency a (est) parti avec ses troupes, et a laissé Mr de Lacroix dans le château avec ses carabines [9].

Le 28 janvier 1621 [10], on commença de tirer des coups de canon de la grande tour du château contre la Ville ; et les Messieurs de la Ville ont assiégé le château, ont fait plusieurs barricades par les rues, ont miné la grande et la petite tours et les ont sapées.

Le 5e février 1621, la petite tour est tombée, et le 9e dudit mois la grande tour a été renversée par ladite mine. Et le même jour Mr de Saint-Palaix est sorti du château avec ses troupes [11].

Le 8 août 1622, Monsieur le Connétable a apparu au Lac. Les Messieurs de Privas ont mis le feu aux granges d'alentour et au lieu d'Ouvèze par l'ordre de Mr de Poudrit.

Le 2e novembre 1622 [12], la paix fut publiée par l'ordre du roi.

Le 7e janvier 1623, on acheva de démolir le fort de Toulon.

Le 20e juin 1623, on a monté la cloche au clocher de Privas et le lendemain on a sonné les heures.

Le premier janvier 1626 [13], Monsieur de Brison a pris le château du Pouzin.

Le 7e janvier 1626, on a rebâti le fort de Toulon.

Le lundi 3 août 1626, la paix a été publiée à Privas par l'ordre du roi.

Le 21 septembre 1626, on a démoli le fort de Toulon.

Le vingt huit septembre audit an Mr le Connétable Lesdiguières a décédé.

Ladite année 1626 et 27 [14], on a démoli les châteaux du Pouzin et Baix-sur-Baix, et les murailles desdites villes par l'ordre du roi.

---

7. Le 20 mars, d'après Samuel Mours.
8. C'est-à-dire : il y a eu des blessés.
9. En fait il a contraint Brison à la soumission.
10. Sur ces événements, voir S. Mours, *op. cit.*, p. 163.
11. Brison est rentré dans Privas le 30 janvier. Saint-Palays est gouverneur du château pour le roi.
12. Paix de Montpellier : Confirmation de l'Édit de Nantes, pacification générale.
13. Deuxième guerre. Toulon = Mont Toulon, de Privas. Brison a été nommé gouverneur du Vivarais.
14. Troisième guerre. Campagne de Rohan en Vivarais. Montmorency est revenu.

Le 4 octobre 1627, on a conduit Mr le marquis de La Valette à Privas.

Le 16 novembre, le marquis de La Valette s'est évadé dudit Privas ; il est descendu d'une guérite par une corde.

Le 3e janvier 1628, Monsieur de Brison, gouverneur du pays, a parti de Privas pour aller porter un enfant en baptême de Mr du Tremolet de Serres [15].

Le mardi 4e dudit mois, en s'en retournant à Privas, en prenant congé dudit Sieur du Trémolet, on l'a tué [16]. Le lendemain on l'a porté dans la maison de Monsieur Laurans, à Privas, et on l'a embaumé.

Le jeudi 13e janvier 1628, on a mis Mr de Brison dans la tombe de Mr de Chambaud, à Privas.

Quelque temps après, Mr de Chambonnet, fils naturel de Mr de Brison, a tué Mr du Trémolet, et ledit Trémolet a tué Chambonnet.

Le 30 mars 1628, M. le duc de Rohan est arrivé à Privas. Le lendemain vendredi, il a fait sortir les canons de Privas et est allé prendre Chomérac [17].

Le 22 avril, ledit Seigneur de Rohan a fait pendre un de ses pages qui le voulait tuer.

Le 23 avril, ledit Seigneur est parti de Privas pour s'en retourner en Languedoc.

Le premier mai 1629, Monsieur de Saint André [18] est arrivé à Privas, et il s'est rendu gouverneur de la Ville.

Le lundi 14e mai 1629 [19], l'armée du Roi a paru au Lac, et dans six jours on a posé le siège et entouré la Ville de Privas.

Le 21 dudit mois, on a tiré les canons à la tour de Fourial et à la tour du coin de Gratenas et à la porte de Limbert.

Le 24 les gens du Roi se sont saisis du fort de Saint-André.

Le samedi au soir, on a donné l'assaut général à la Ville.

Le dimanche au soir 27e dudit mois de mai 1629, les habitants dudit Privas sont sortis la nuit, et sont allés au fort de Toulon [20].

Le lundi matin, 28, le Roi est entré dans Privas, et l'on a pillé la Ville et brûlée ; et à l'instant on s'est saisi du fort de Toulon, où l'on a tué ou pris prisonniers tous ceux qui étaient dedans, hommes, femmes et enfants. Les hommes furent tirés au sort ; sur le nombre de sept, six pendus et un en galère. Cent quatre-vingt femmes et beaucoup de petits enfants furent réclamés par M. d'Entrevaux, que le Roi lui donna avec des munitions, des vivres pour quinze jours.

Le lundi 4e juin 1629, le Roi partit de Privas avec son armée pour s'en retourner en Languedoc contre la Ville d'Alais qui était aussi rebelle. Mais, lorsque le Roi a paru, ils portèrent obéissance.

---

15. Lieutenant de Brison.
16. D'un coup de feu à la tête ; on ne sait pas si c'était accidentel ou prémédité.
17. Campagne de Rohan en Vivarais, mars-avril 1628.
18. Lieutenant de Rohan.
19. Le siège de Privas.
20. Certains quittent Privas, d'autres se réfugient au Mont Toulon et sont rejoints par Saint-André avec cinq cents hommes.

Le 22e juillet 1629, dans la Ville de Nîmes, le Roi fit la paix avec Mr le duc de Rohan et les Seigneurs protestants, et par sa déclaration ordonna que toutes les forteresses du Vivarais seraient démolies pour que la paix puisse durer.

Le 3e août 1629, on a commencé de démolir les murs et portes de la Ville de Privas par le commandement du Roi.

Le 6e avril 1631, Mr de Lestrange a fait assujettir la paroisse de Veyras au Moulin d'Ouvèze, et a fait rendre sa rente portable par son autorité [21].

Le mardi 2e août 1632, l'armée du Roi est arrivée à Privas, conduite par Mr Marion d'Alincourt et Vaubecourt, et se sont saisis de Privas, Tournon et Toulon [22].

Le lundi 15e août 1632, Mr de Lestrange s'est venu saisir de Tournon et du fort Saint-André. Le jeudi 18e, les gens du Roi ont donné l'assaut à Mr de Lestrange, où il y a resté beaucoup de gens de part et d'autre, principalement les troupes de Lestrange, et lui a été pris prisonnier et conduit à Privas, et en même temps on a brûlé Tournon et Charalon.

Le jeudi 26e août [23] 1632, les troupes du Roi ont parti de Privas et ont conduit Mr de Lestrange au Saint-Esprit.

Le 6e septembre 1632, Mr de Lestrange a eu la tête tranchée au Saint-Esprit, et aussi Monsieur de Lacham, fils de Mr d'Antraygues, par l'ordre du Roi.

Sur la déclaration du Roi donnée à Nîmes le 22 juillet 1629, l'on a démoli, en l'année mil six cent trente deux et 1633, toutes les forteresses du Vivarais, savoir : Tournon, Saint-Alban, Chomérac, Mauras, Ajoux, Montagut, Douans, Mézilhac, Bérianne, Rochemaure, Châteauneuf et plusieurs autres places qui ne sont pas ici exprimées.

La paix était faite entre le Roi et les princes ses frères, et les guerres civiles furent pacifiées, le Roi permit à la religion réformée de bâtir des temples en chaque paroisse. Pour lors le peuple fut tranquille [24].

Le 24e décembre 1648, on a commencé de prêcher au temple de Tournon. Mr Accaurat y a prêché.

Le 4e août 1652, on a commencé de prêcher dans Privas, dans l'écurie de Mr Liotard et de Monsieur Crespin. Mr Accaurat, ministre et pasteur de Privas, y a prêché.

Le dimanche 30e février (sic) 1653, on a défendu par ordre du Roi de prêcher plus dans Privas, et l'on a prêché dehors la Ville.

Au mois de janvier 1653, on a passé le Rhône au Pouzin à gué avec un cheval, et un homme l'a passé aussi.

---

21. Lestrange avait pris le parti de Gaston d'Orléans, révolté contre le roi son frère, dont il était l'héritier présomptif, Louis XIII n'ayant pas d'héritier avant 1638. Portable = soumise à...

22. Petit Tournon et Mont Toulon.

23. Entre le lundi 15 et le jeudi 26, il y a une erreur de jour.

24. Édit de grâce d'Alais : les protestants perdent leurs privilèges politiques, mais Louis XIII confirme l'égalité devant la loi, et la liberté de culte là où elle avait été accordée par l'Édit de Nantes.

Le dimanche 27e août 1653 [25], par le caprice de Madame la Maréchale d'Orlène, Mr le Comte de Rieux [26] d'Aubenas entra dans le temple de Vals, prit par la robe Mr Durand pasteur, natif de Privas, lui donna un soufflet et le fit sortir de Vals.

Dans les huit jours après tous les protestants du Vivarais, Languedoc et Dauphiné se mirent sous les armes contre ledit Comte de Rieux.

Le 5e septembre 1653, Monsieur de Villefranche de Montbrun est arrivé à Privas et on l'a fait gouverneur de l'armée, tant du Languedoc que du Vivarais, et ont resté huit jours à Privas.

Le 15 septembre 1653, les troupes ont parti de Privas pour Baix.

Le 17e septembre 1653, les Messieurs protestants sont allés au Montélimar joindre Mr de Lathéolière commissaire du Roi, et ont fait la paix avec Mr le Comte de Rieux et Mr le Marquis de Châteauneuf.

Le dernier octobre 1653, les habitants de Privas ont accordé [27] avec Mr le Marquis de Châteauneuf du procès qu'ils avaient avec lui de la démolition du château au parlement à Paris, ayant été condamnés à soixante mille livres de capital et trente cinq mille livres de dépens.

Les habitants lui doivent bailler dix mille livres dans un mois et dix mille dans un an, et continuer an par an jusqu'à fin de paiement.

Le vendredi 7e mai 1655, Mr le Comte de Rieux est arrivé à Privas et a voulu battre un serviteur de Mr de Châteauneuf. Les Messieurs de Privas, hommes, femmes et enfants, se sont élancés contre lui et ses gens ; l'on l'a désarmé et battu, et s'en est allé passer de nuit à Chomérac.

Le vingt quatre juillet 1655, le Comte de Rieux a fait arrêter deux marchands de Privas à Saint-Just, qui venaient de la foire de Beaucaire, et les a gardés un an prisonniers de son autorité pour se venger contre les habitants de Privas.

Le mardi 13 août 1658, Mr le Comte de Rieux a fait tuer Mr du Fain de la Selve, à sa grange de Barra en Coiron, à cause de son assassin de Privas.

Le 17e février 1662 commença de tomber le grand neuvier [28] qu'à Privas l'y avait sept pans de neige.

L'année 1663 on fit sortir tous les habitants de la religion de Privas ; ils avaient la permission d'y habiter le jour mais non pas la nuit sur peine de soixante livres d'amende, par ordre du Roi [29].

L'année précédente avait paru une comète qui faisait une grande queue.

L'année 1666 fut faite une chambre ardente qu'on nommait les Grands Jours, quoique ce fût dans l'hiver. On trancha la tête à Mr le Marquis de Châteauneuf, à Mr de Veyrans et Mr le prieur de Cerveyrette à Nîmes.

---

25. Le 25 juillet, d'après Samuel Mours.
26. La Maréchale d'Ornano ; le comte de Rieux est son neveu.
27. Se sont accordés... sur...
28. Ce mot se trouve dans le *Dictionnaire du Félibrige* sous la forme névié (languedocien), nébié, nevier, névé (alpin).
29. C'est un arrêt de Février 1664 qui confirme la Déclaration de 1629.

Le Mémoire d'Étienne Durand se contente de signaler les événements de Privas. Les habitants réformés qui en avaient été chassés en 1629, y étaient peu à peu revenus, et en furent à nouveau chassés par un arrêté de février 1664 et quittèrent la ville avec leur pasteur Accaurat le 20 juin pour émigrer dans les villages voisins. De plus la Cour avait décidé d'examiner pour chaque église ses droits à l'exercice de la religion par une interprétation étroite de l'Édit de Nantes. Cet examen commença en 1661, mais seulement en 1665 en Vivarais. Beaucoup d'églises avaient perdu leurs pièces officielles, égarées ou confiées à Privas et détruites lors du siège. En Vivarais quelques églises furent maintenues, mais les églises autour de Privas, dont Pranles, étaient pratiquement condamnées depuis l'arrêt de 1664. D'autres églises étaient « en partage », c'est-à-dire qu'elles obtenaient un sursis jusqu'à la décision du Conseil du roi ; parmi elles, les plus voisines de Pranles, Ajoux, le Gua, Issamoulenc, Saint Vincent de Durfort.

Les Privadois essayaient de retourner dans leurs maisons et de faire rapporter l'Édit qui les avait dépouillés. C'est alors que survint la révolte racontée ci-dessous par Étienne Durand ; elle fut provoquée par l'excès des impôts, les exactions des agents seigneuriaux et la misère. « On se plaignait partout de la multiplicité des impôts et des taxes extraordinaires ». Le bruit courut même qu'on allait lever de nouvelles taxes, « dix livres pour la naissance d'un enfant mâle, cinq livres pour celle des filles, un écu de chaque habit neuf, cinq sous de chaque chapeau, trois sous de souliers, un sou de chaque journée de paysan, cinq sous de chaque chemise neuve et deux deniers sur chaque livre de pain ! » Mais la révolte commandée par Jacques Roure (ou Antoine Roure) eut aussi par moments des aspects anticléricaux : « ils regardaient tous les ecclésiastiques comme des ennemis et Mgr l'évêque de Viviers comme leur chef. Les prieurs de Lachamp et de Mézilhac furent pillés pour avoir dit que la soumission au Roi était de droit divin ».

La révolte naquit et se développa surtout dans la région d'Aubenas jusqu'au moment où des troupes furent envoyées par MM. de Castries et du Roure (qu'il ne faut pas confondre avec Jacques Roure), lieutenants généraux, sous le commandement de M. Lebret maréchal de camp. Une « Fidèle relation » publiée avec les « Commentaires du soldat du Vivarais » par J.-L. de Laboissière, et dont on a lu une citation ci-dessus, décrit en détail les combats autour d'Aubenas, mais peu ceux de Privas et ne parle pas du tout des conséquences pour Pranles. Les anciens habitants protestants de Privas, appelés à défendre leur ville furent loyaux mais mal récompensés ; l'évêque de Viviers, une fois le danger passé, se plaignit que plusieurs religionnaires avaient profité des troubles pour se réinstaller à Privas et le roi les en fit chasser à nouveau. C'est sans doute à cette occasion que fut brûlé le temple de Pranles. M. l'abbé J. Charay a signalé d'autres récits de la révolte de Roure et publié l'un d'eux (dans la Revue de Villeneuve de Berg en 1986) dont maint détail semble indiquer une parenté avec le texte de Laboissière, et qui confirme la loyauté des Privadois : « La ville de Privas se déclara pour le parti du Roi et embrassa cette occasion avec joie pour donner des preuves de sa fidélité au monarque, pour en obtenir par ce moyen le rétablissement de leurs affaires » [30]. Voici le récit d'E. Durand :

> Sur la fin du mois de mai 1670, tenant l'assiette, à Jouèze (Joyeuse), MM. le marquis de Castries et de Verchant voulaient établir le cinq pour cent. Alors le menu peuple s'est levé et l'on chassa les Messieurs de l'assiette à coups de pierres, qui furent contraints de prendre la fuite.
>
> Dans quinze jours après il arriva des Suisses qui se saisirent du château d'Aubenas ; adonc tout le menu peuple du Vivarais prit les armes et assiégèrent le château d'Aubenas, où ils firent une armée d'environ dix mille hommes, et ils prirent pour leur chef Jacques Roure de la Chapelle. Les pauvres Suisses se trouvèrent sans munitions, qui vivaient de pain d'avoine. D'abord le beau-frère dudit Roure, nommé Montbel vint à Privas parce que les Messieurs de Privas avaient donné une escarmouche aux rouristes au terroir de la Leyssone. Ledit Montbel entra dans Privas avec quatre mille hommes où ils pillèrent et saccagèrent tous les riches habitants qui étaient sortis de la Ville ; il n'y avait homme riche que le menu peuple ne le prît pour un partisan, et dès qu'un ne voulait prendre les armes, on lui donnait le pillage à sa maison, de sorte qu'il ne se faisait que des voleries. Et cette affaire dura environ deux mois.
>
> Sur la fin du mois de juillet 1670, arriva M. le marquis de Valdès et M. de Lebret avec des troupes, daucontons (?) du Roi firent poser les armes à l'armée d'Aubenas, conduite par le Roure.
>
> M. de Lebret vint à Privas avec sa troupe de cavalerie. On pendit le nommé Reynier de St Fortunat au Moulin à Vent, et on brûla les plongeons [31] du blé du dîme [32] de Pranles. Et le temple dudit Pranles fut aussi brûlé.
>
> Le Roure fut pris aux frontières d'Espagne et fut rompu à Montpellier. Montbel et Laudie, commandants, avec plusieurs autres furent pendus à Villeneuve de Berg.

---

30. D'autres récits de cette révolte se trouvent dans l'ouvrage de G. Paysan *Journal de Jacques de Beauvoir du Roure*, cercle de l'Amitié, 1985.

31. Meules de gerbes ; on appelait « plongières » l'emplacement des gerbiers sur une aire.

32. Le *Dictionnaire du Félibrige* indique le genre masculin. S'agit-il de la dîme que les protestants devaient payer au clergé ?

> Le 28e septembre 1679 fut un déluge général qui inonda la plus grande partie du royaume. Les ruisseaux étaient venus des rivières, les rivières des fleuves et le Rhône une mer. La rivière de l'Eyrieux emporta le Pontpierre qui était cloué de fer, et fait par les Romains.
>
> Sur la fin du mois de décembre 1681, parut une comète [33] qui avait des rayons extraordinaires. Elle paraissait du côté du Cham (?)

On remarque la réserve d'Étienne Durand dans l'appréciation des événements. S'il laisse paraître quelque sympathie « pour le menu peuple qui s'est levé » contre des impôts excessifs, il semble plaindre autant « les pauvres Suisses » réduits à manger du pain d'avoine, et désapprouve les pillages et les voleries. Le plus frappant, c'est sans doute la neutralité du ton employé pour noter une pendaison, l'incendie des plongeons et surtout du temple de Pranles qui lui était pourtant cher. Prudence certainement, précaution pour le cas où son Mémoire serait saisi, ce qui arriva en 1728 ; à ce moment effectivement on ne manqua pas d'éplucher ce qu'on pouvait lui reprocher.

Leur temple inutilisable, comme les temples du terroir et mandement de Privas étaient déjà interdits ou détruits depuis l'arrêt de 1664, les protestants de Pranles, en particulier, se rendirent pendant quelques années au temple d'Ajoux pour la célébration du culte, les baptêmes, les mariages. Un registre du pasteur Pierre Reboulet, du 1er septembre 1669 au 29 novembre 1671 montre qu'on venait à Ajoux depuis Villeneuve-lès-Privas, Coux, Chassagnes, Pranles, Creysseilles ; on y trouve à plusieurs reprises la mention « réfugié de Privas » sans autre indication d'habitat. C'est ainsi qu'on peut y relever, à la date du 18 janvier 1671, le baptême d'un frère d'Étienne Durand, René, fils de Pierre et d'Isabeau de Cros ; le parrain était René, fils d'Étienne du Vabre et oncle du baptisé ainsi que d'Étienne du Bouschet ; et la marraine Jeanne Coste du Serret de Pranles. Le même jour fut baptisée Isabeau Bévengut, aussi du Bouschet de Pranles ; les deux baptêmes ont été signés comme témoin par un Anthoine Durand. Nous retrouverons cette famille Bévengut qui a continué à vivre au Bouschet ; et l'un de ses descendants, Léo, membre pendant longtemps du Comité de Gestion du Musée, est monté de nombreuses fois sur le toit de la Maison Durand pour colmater des gouttières ou remplacer des tuiles ; il a droit à notre reconnaissance.

---

33. La comète parut en 1680. C'est en 1682 que Bayle publia les *Pensées sur la Comète* où il conteste les présages qu'on en tire et du même coup condamne les superstitions. Quelques années plus tard il publie *Le Commentaire philosophique* où l'on prouve qu'il n'y a rien de plus abominable que de faire des conversions forcées (1686, un an après la Révocation).

Ainsi donc, de grands rassemblements de religionnaires ont dû avoir lieu à Ajoux jusqu'à la destruction du temple de ce village, qui avait été déjà malmené en 1633, lors de la démolition des « forteresses » du Vivarais. Une partie au moins de ses pierres ont été transportées à dos d'homme à travers plusieurs kilomètres de sentiers difficiles pour construire le temple de la Pervenche en 1820. Plus d'un membre de cette paroisse connaît le nom d'un de ses anciens qui a participé au charroi ou à la construction.

La destruction du temple d'Ajoux survint en 1684, après la tentative de Brousson de 1683. C'est justement de ces événements, qu'il date de 1684, que nous parle la suite du Mémoire d'Étienne Durand. Il s'agissait d'une tentative de résistance aux empiètements du pouvoir sur ce qui restait de liberté aux protestants. Le mouvement, lancé de Toulouse chez l'avocat Brousson par des délégués des églises du Midi, et qui recommandait de prêcher sur l'emplacement des anciens temples fut approuvé en Vivarais, en particulier par le pasteur Isaac Homel de Soyons, et des représentants des communautés vivaroises. Il fut inégalement suivi, pas du tout au Nord de la Loire ; mais en Vivarais il fut presque général. D'après Samuel Mours, on prêcha le 18 juillet dans seize lieux interdits, en comptant le Chambon et Saint Voy ; dans la région de Pranles, à Saint-Etienne de Serres, Tournon-lès-Privas, Issamoulenc, Saint Vincent de Durfort. Il n'y aurait pas eu d'Assemblée à Pranles ni Ajoux. Cette tentative pacifique était, dit le pasteur Henri Manen, « la voie médiane entre la passivité de la résignation et la violence de l'insurrection » [34].

Les intentions de Brousson et de beaucoup d'autres comme Isaac Homel étaient tout à fait pacifiques, mais les assemblées suscitèrent une vive émotion chez les catholiques ; les protestants, tout en assurant qu'ils étaient prêts à verser pour le roi jusqu'à la dernière goutte de leur sang, affirmaient aussi leur résolution de se maintenir « dans la précieuse liberté de conscience ». La répression s'organise, la défense également, ce qui évidemment entraîna des événements tout à fait en contradiction avec l'esprit de Toulouse, et qu'Étienne Durand rapporte, trahissant discrètement ses sentiments. Des désaccords apparurent entre les protestants modérés et les partisans d'une résistance armée. Une amnistie fut promise mais non respectée et la répression fut dure ; le pasteur Homel, arrêté, fut roué vif à Tournon.

34. Conférence lors de l'exposition, « Les Boutières Protestantes », publiée par *Évangile et Liberté* le 29 octobre 1973.

Au mois de juin 1684, on a prêché par tous les temples interdits du royaume, et il se fit une assemblée de tous les ministres du Vivarais à Chalencon [35], mais ils ne furent pas d'accord. Mr Homel et Mr Sablières de Reboulet, ministres du Vivarais, conseillaient de poser les armes, et Mr Homel offrait d'être la victime de cette affaire. Mais le Sr Romieu de St Fortunat [36] dit qu'il ne fallait pas lâcher le pied tellement que ledit St Fortunat et tout le Haut Vivarais se mirent sous les armes.

Le dimanche 15 septembre 1684, Mr de St Ruth passa le Rhône avec cinq mille hommes, moitié dragons et moitié fusiliers, et logea à Charmes et à Beauchastel. Et les protestants formèrent trois camps, un sur Beauchastel, l'autre sous le Pape, et l'autre au-dessus de La Voulte.

Le dimanche 22 septembre 1684, Mr de St Ruth partit de Beauchastel et de Charmes, monta au Serre la Mure, où il donna assaut aux protestants et s'en alla coucher à Chalencon. Le lendemain vint à St Fortunat, où il donna le pillage et y séjourna deux jours. Après il partit et alla à St Pierreville ; adonc il égalisa ses troupes et fit contribuer les gens de la religion à payer la somme de leurs cotes de taille tous les quinze jours [37], et cette contribution dura pendant un an un mois, tellement qu'il emporta du Vivarais deux cent mille écus et de plus [38].

---

35. Les 29 et 30 juillet 1683. On pourra comparer le récit d'A. Mazon dans *Voyage autour de Crussol*, chap. V. Les protestants y sont accusés d'avoir « conçu le projet d'établir une république protestante... il est certain que l'agitation protestante fut grandement encouragée, sinon entièrement excitée, par des émissaires secrets venus de Hollande... les protestants des Boutières prirent une attitude de plus en plus menaçante » dit-il... On sait que l'affirmation de fidélité au roi fut votée par l'assemblée tenue à Chalancon. Si des protestants, après la Révocation, ont espéré des secours extérieurs, diplomatiques, financiers, et même à certains moments militaires, en particulier en 1689-1692 et pendant la révolte des Camisards, c'est que le sentiment d'injustice dont ils souffraient était venu à bout de leur loyalisme. Brousson lui-même, à son retour en France en 1689, sous l'influence de Vivent, ne désapprouva pas l'attitude des prédicants, mais avec des réserves et en espérant que la menace d'un soulèvement permettrait de l'éviter : « La guerre européenne, dit Charles Bost, le triomphe de la révolution d'Angleterre, l'attente apocalyptique d'une délivrance dont il avait fixé la date, la misère effroyable des réfugiés de Lausanne, les raisonnements et les récits de Vivent l'ont gagné en 1689 au projet d'un soulèvement. » (*Les prédicants protestants des Cévennes et du Languedoc*). Mais ce n'était pas le cas en 1683, et après un temps d'incertitude, Brousson renonça définitivement à la violence.

36. Gabriel de Romieu était le pasteur de Saint-Fortunat. On remarque qu'E. Durand dit M. Homel (le modéré) mais « le sieur Romieu (le zélateur) », trahissant ses préférences. On sait que Homel fut arrêté et torturé à mort à Tournon, et que Romieu se réfugia en Suisse.

37. Cote : la part imposée à chaque contribuable en temps normal est donc exigée tous les quinze jours.

38. Trois quartes de châtaignes (soit soixante litres environ) valaient dix sols en 1740.

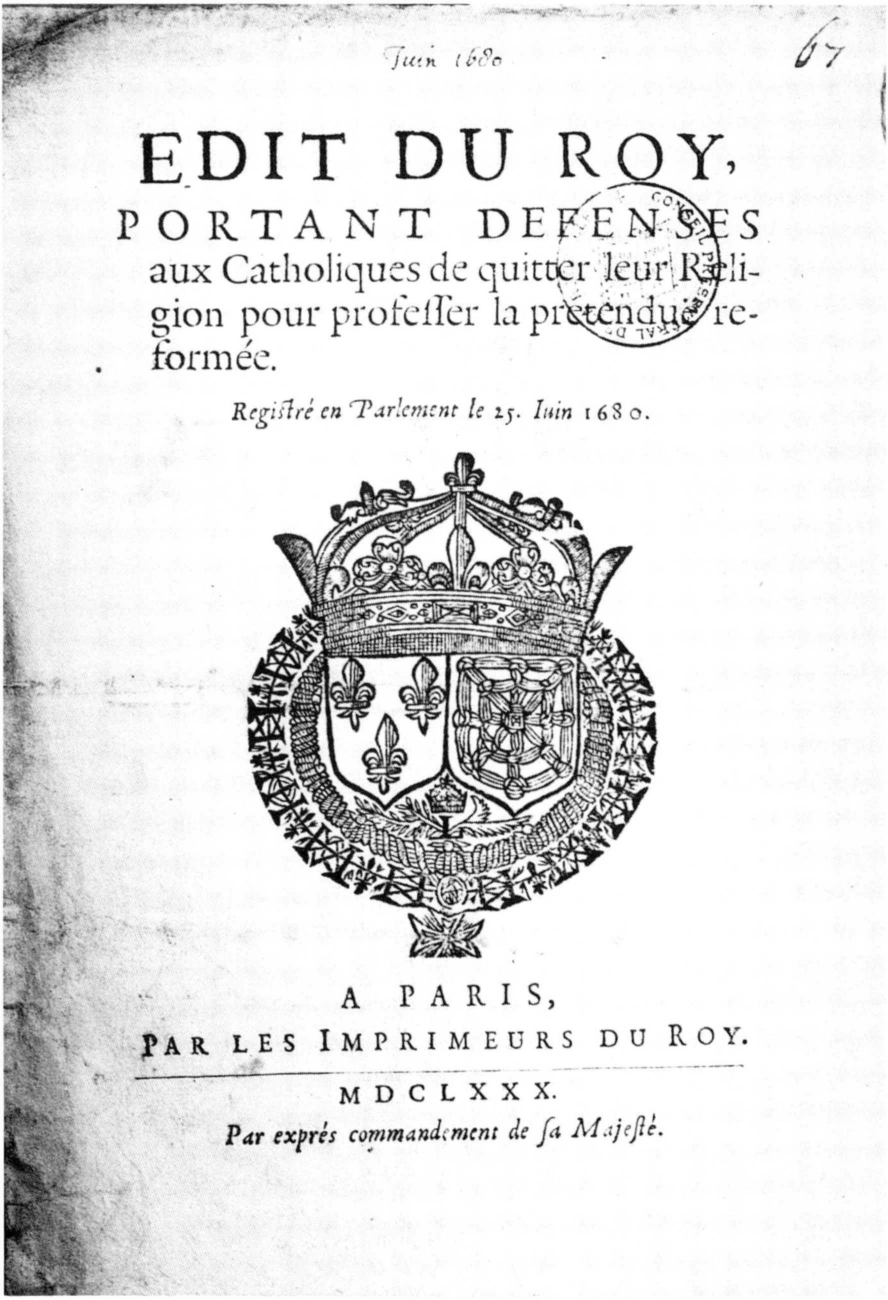

Juin 1680 67

EDIT DU ROY,
PORTANT DEFENSES
aux Catholiques de quitter leur Religion pour professer la pretenduë reformée.

Registré en Parlement le 25. Iuin 1680.

A PARIS,
PAR LES IMPRIMEURS DU ROY.

MDCLXXX.

Par exprés commandement de sa Majesté.

Édit du Roy du 25 juin 1680 (musée du Vivarais protestant).

Pranles et son église.

La suite du Mémoire raconte la Révocation de l'Édit de Nantes, que Pranles connut comme toute la France. Le narrateur manifeste la stupeur des religionnaires devant une pareille extrémité et sa commisération devant la barbarie des moyens utilisés. Il abandonne sa discrétion et sa prudente objectivité pour exprimer son horreur, sans indiquer toutefois de façon précise les conséquences pour ses proches ; notons cependant que sa belle-mère sera une Reboul de la Chièze, peut-être la fille ou la sœur de celui qui fut pendu. Il est important de noter qu'à Pranles, avant la Révocation, vivaient environ 400 protestants et 40 catholiques.

Les chiffres comparés d'anciens catholiques et de nouveaux convertis entre 1720 et 1740 sont environ les suivants : Pranles : 25-51 ; Creysseilles : 1-62 ; Ajoux : 12-38 ; Issamoulenc : 20-56 ; Le Gua : 21-57 ; Saint-Sauveur : 0-52 ; Saint-Vincent de D. : 10-85, etc. Au contraire : Mézilhac : 119-9 ; Saint-Pierreville : 115-74 (il s'agit de chefs de famille).

Voici le récit de la Révocation.

Le Roi, par la sollicitation de la Reine, donna une déclaration pour forcer toute la religion [39] de France à changer de religion, et, à ceux qui refuseraient, leur donner la guerre, leurs biens confisqués et leurs maisons démolies.

Le premier jour du mois d'octobre 1685, on commença par ordre de Mr de St Ruth de forcer ceux de la religion pour les faire aller à la messe, et ceux qui refusent, on leur mettait des compagnies entières de soldats en pure perte [40] ; à Jean Vallette de St Vincent de Durfort, on lui grilla ses pieds en une poêle d'huile bouillante ; à Siméon Faure de Franchassis, paroisse de Pranles, ledit St-Ruth lui fit raser sa maison ; à Pierre Reboul de la Chièze de Pranles, on l'a pendu à un châtaigner tant qu'il espirait et puis on coupa la corde avec un coup de sabre ; et à tant d'autres que l'on ne pourrait nombrer. Puis, quand il vint à la Pâque, on les a tous fait prendre la communion par force ; autrement on leur mettait des soldats et payer une amende. Une fille dans Nîmes communia sept fois sous le nom d'autres demoiselles, que chacune lui donnait un écu, et à la septième fois elle fut découverte, on parlait de la brûler. Tous ceux qui voulaient sortir du royaume, on les arrêtait et pillait. Les prisons étaient partout toutes pleines.

---

39. La religion : les gens de la religion, les protestants. Il est vrai que l'obligation du changement de religion n'était pas dite expressément, mais en pratique il en fut ainsi. L'absence de cette indication fut relevée encore en 1715 par le Procureur Général du Parlement de Paris, Daguesseau, après la Déclaration royale du 8 mars à propos des « relaps ».

40. Sans dédommagement. Précisons aussi que Pierre Reboul s'expatria.

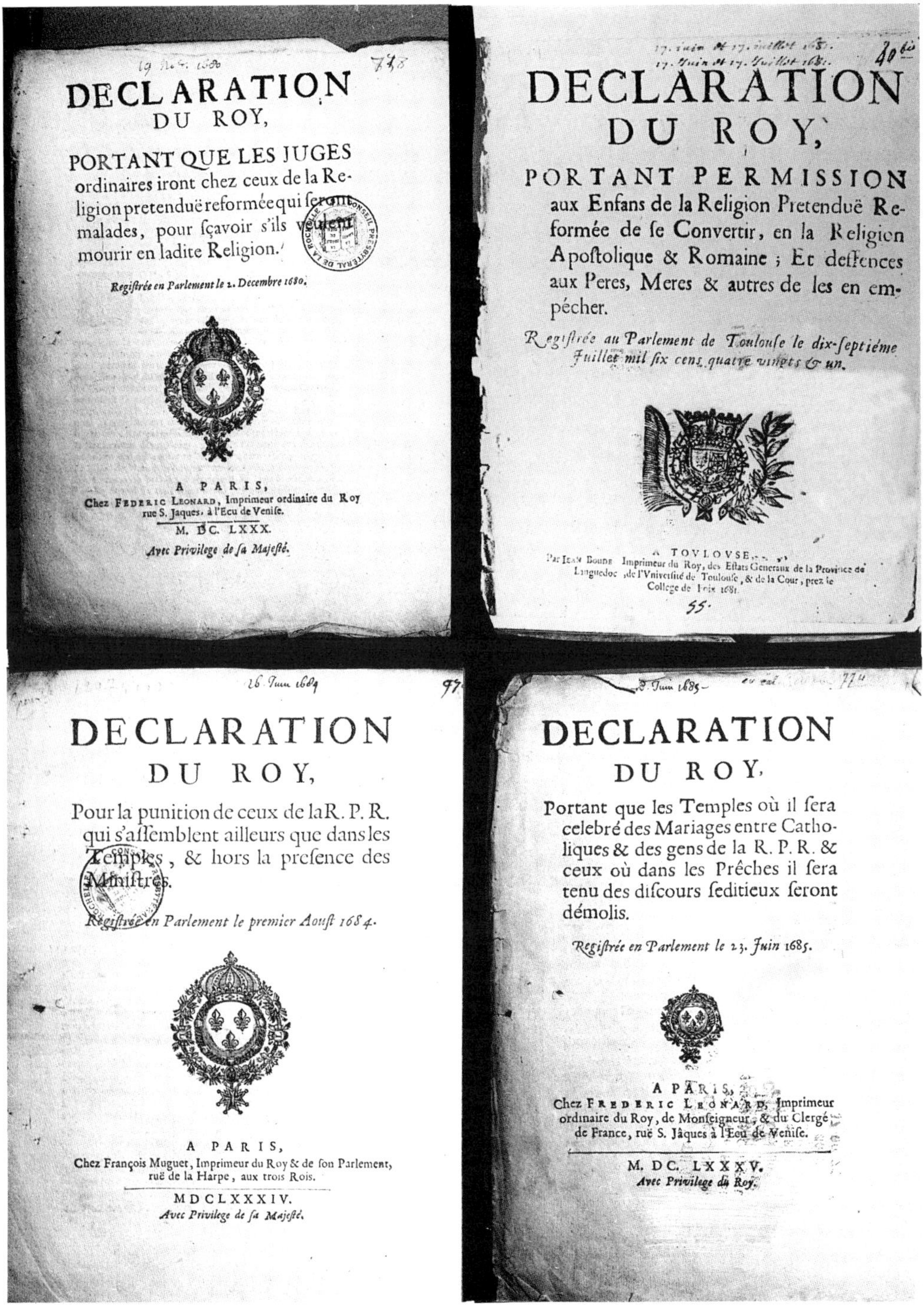

DECLARATION DU ROY,

PORTANT QUE LES JUGES ordinaires iront chez ceux de la Religion pretenduë reformée qui seront malades, pour sçavoir s'ils veulent mourir en ladite Religion.

Registrée en Parlement le 2. Decembre 1680.

A PARIS,
Chez FEDERIC LEONARD, Imprimeur ordinaire du Roy rue S. Jaques, à l'Ecu de Venise.
M. DC. LXXX.
Avec Privilege de sa Majesté.

DECLARATION DU ROY,

PORTANT PERMISSION aux Enfans de la Religion Pretenduë Reformée de se Convertir, en la Religion Apostolique & Romaine ; Et deffences aux Peres, Meres & autres de les en empécher.

Registrée au Parlement de Toulouse le dix-septiéme Juillet mil six cens quatre vingts & un.

A TOULOUSE,
Par JEAN BOUDE Imprimeur du Roy, des Estats Generaux de la Province de Languedoc, de l'Université de Toulouse, & de la Cour, prez le College de Foix 1681.

DECLARATION DU ROY,

Pour la punition de ceux de la R. P. R. qui s'assemblent ailleurs que dans les Temples, & hors la presence des Ministres.

Registrée en Parlement le premier Aoust 1684.

A PARIS,
Chez François Muguet, Imprimeur du Roy & de son Parlement, ruë de la Harpe, aux trois Rois.
MDCLXXXIV.
Avec Privilege de sa Majesté.

DECLARATION DU ROY,

Portant que les Temples où il sera celebré des Mariages entre Catholiques & des gens de la R. P. R. & ceux où dans les Prêches il sera tenu des discours seditieux seront démolis.

Registrée en Parlement le 23. Juin 1685.

A PARIS,
Chez FREDERIC LEONARD, Imprimeur ordinaire du Roy, de Monseigneur, & du Clergé de France, ruë S. Jâques à l'Ecu de Venise.
M. DC. LXXXV.
Avec Privilege du Roy.

Déclaration du Roy (décembre 1680, juillet 1681, août 1684, juin 1685).

II

Le temps de la fidélité discrète

« Pour forcer toute la religion de France à changer de religion », ou leur donner la guerre, confisquer les biens, démolir les maisons, torturer ou pendre les récalcitrants ; contraindre à la communion par les dragonnades ; en quelques mots Étienne Durand définit les buts de la Révocation avant de passer au tableau dramatique des exactions autour du Bouschet, et enfin aboutir à la conclusion : « Quand il vint la Pâque, on les a tous fait prendre la Communion par force ». Le geste symbolique, honni, retardé jusque-là et refusé du fond du cœur ! Le commencement d'une fidélité discrète et prudente, qui va durer des années et des années, dans l'espoir d'une amélioration entretenue par l'idée qu'une décision aussi inacceptable, incompréhensible, ne peut être durable, puis par les prophéties de Jurieu qui promettent pour bientôt la fin de l'épreuve, par l'attente d'un renversement de la situation, grâce à l'intervention diplomatique des puissances protestantes lors des traités de paix, par la mort du roi, ou tout simplement par la confiance en Dieu qui ne peut pas abandonner son peuple. Espoir toujours déçu mais toujours renaissant. Comment faire autrement, sinon partir ? Mais, partir, le pouvaient-ils, laissant champs et bestiaux, eux qui n'avaient ni argent, ni formation intellectuelle ou professionnelle ? Ne pouvait-on espérer sauver l'essentiel en attendant des jours meilleurs ? Est-on si sûr que le courage était seulement du côté de ceux qui partaient ? Il est permis de se demander quelle part ont eue ceux qui sont restés, dans la sauvegarde et le rétablissement du protestantisme français. Quand les difficultés surgissent, faut-il s'en aller ou essayer sur place de les surmonter ? A ces questions peut-on répondre sans examiner les circonstances ? Entre la passivité de la résignation et l'impossibilité de la révolte, privés de cadres et de guides, certains cherchèrent à tâtons la voie médiane qui leur permettait de survivre en sauvegardant leur fidélité intérieure. « Il faut se garder, dit Mme Elisabeth

Labrousse, de postuler plus d'ardeur religieuse chez ceux qui sont partis que chez ceux qui ont tenu bon sur place [1]. » Et Mme Garrisson : « Si les protestants n'avaient pas, en conscience, adopté cette voie médiane, le protestantisme n'aurait pas survécu [2]. » Faut-il parler de « nicodémisme » ? Nous y reviendrons plus loin.

Les registres des curés de Pranles actuellement connus, présentent malheureusement une lacune pour 1685 et 1686. A peu près tout le monde abjura vraisemblablement. S. Mours note que quelques habitants de Pranles allèrent abjurer à Gilhoc, sans doute après avoir essayé d'échapper à l'abjuration ; il signale l'exil d'une famille Faure-Charrier de Pranles et Pierre Reboul ; on peut ajouter le nom de Suzanne Vézian de Lavayas, qui « après avoir abjuré l'hérésie de Calvin... était sortie du royaume où elle avait derechef professé la même hérésie » et, revenue à Pranles, « a fait une seconde abjuration » ; témoins, le sieur Vézian consul et Gouyet soussignés [3]. Et, plus tard, Marie Boursarie.

Quel était l'état de la population protestante en Vivarais après cette abjuration ? L'évêque de Viviers, certainement sincère mais un peu inconscient de la réalité, remercie Dieu des bénédictions qu'il verse en abondance ; « maintenant, dit-il, Dieu nous fait la grâce de voir nos autels et nos églises redressées, les pasteurs rétablis dans leurs fonctions et notre troupeau si augmenté [4] ». Cependant une « Lettre écrite du Vivarais », le 23 février 1686 sur l'état des nouveaux convertis (*Bull. S.H.P.F.*, 1879, p. 464), s'exprime en ces termes :

> « Lorsque nous faisons réflexion sur notre malheureuse apostasie, nous n'osons pas espérer que Dieu nous fasse à nous une semblable grâce (c'est-à-dire la même grâce qu'au vieux pasteur Reboulet qui est mort avant qu'on ait pu lui imposer une abjuration). Nous flottons entre la crainte et l'espérance... Plaignez notre condition ; priez Dieu pour

---

1. *La Révocation de l'Édit de Nantes,* Payot/Labor et Fides, 1985, p. 216.
2. Actes du colloque *La Révocation de l'Édit de Nantes et le Protestantisme Français en 1685*, S.H.P.F., 15-19 octobre 1985, p. 133.
3. Registre du curé Augier à la date du 25 mars 1692. – Voici une formule d'abjuration à Saint-Péray qui était variable : « Le douzième jour du mois d'octobre, ont comparu devant nous, prêtre soussigné, Jacques Fombarlet et Mathieu Vinard qui nous ont humblement supplié de leur accorder la gracieuse absolution de l'hérésie de Calvin en laquelle ils sont restés jusqu'à présent et nous, après leur avoir déclaré les peines ordonnées de relaps, les avons absous de ladite hérésie de Calvin et reçus dans le giron de l'église catholique apostolique et romaine. » (Archives communales de Saint-Péray). A Saint-Péray, les abjurations se poursuivent encore en juillet 1686.
4. Lettre pastorale de l'évêque Louis de Suze, citée dans « Petite histoire de l'Église diocésaine de Viviers » (travail dirigé par M. l'abbé Charay), 1977.

des malheureux qui n'ont nulle consolation et qui sont déchirés par des remords mille fois plus cruels que la mort même... Notre bouche trahissait notre cœur, et nos mains chargées de fer nous mettaient dans la cruelle impuissance de refuser des signatures, qui ne nous paraissaient d'abord rien, parce que nous ne prévoyions pas les conséquences... On court après nous comme après des bêtes farouches, et si nous sommes assez malheureux pour tomber entre les mains de ceux qui nous poursuivent, on nous mène en triomphe devant l'Idole... »

Pourtant l'espoir n'était pas tout à fait mort, entretenu en particulier par les prophéties de Jurieu. C'est dans ces circonstances que le récit de la « prophétie » d'Isabeau Vincent est venue aux oreilles d'Étienne Durand et des nouveaux convertis du pays, car les nouvelles se répandaient vite. Témoin, l'exemplaire d'une relation de ces événements retrouvé par le pasteur Henri Manen dans la paroisse de la Pervenche, voisine de Pranles, dans les archives de la famille Théoule à Sagnes dont les ascendants Martin étaient apparentés aux Rouvier de Craux. On peut en lire le texte, commenté par M. Philippe Joutard, dans le livre *Une foi enracinée, la Pervenche.*

Malgré sa prudence, notre chroniqueur se réjouit de cette prophétie de la bergère car, sans avoir « rien appris, elle parlait des choses magnifiques de Dieu ». La suite, ce sont les Assemblées de 1688 et 1689 en Dauphiné et Vivarais, et hélas ! les massacres et les destructions. « Dans moins de huit mois cela s'est répandu dans tout le pays. » Mais, cette fois encore, Étienne Durand garde le silence sur les membres de sa famille ou ses connaissances qui y ont participé, bien qu'on connaisse les noms d'habitants de la paroisse de Pranles qui furent arrêtés en ces circonstances :

L'année 1688, en Dauphiné, en une grange appelée Lafoures, une bergère appelée Isabeau Vincent, elle fut inspirée d'un Esprit inconnu, et quoiqu'elle n'avait jamais rien appris, elle parlait des choses magnifiques de Dieu ; chacun y courait pour l'entendre. Mais dans moins de huit mois, cela s'est répandu par tout le pays, sur grands et petits, hommes, femmes et enfants et presque tous des gens sans lettres [5].

Le lundi 15e février 1689 [6] fut fait une assemblée au Serre de Tauzuc, du nombre d'environ huit mille. Un nommé Valette, prédicant, par la force de son Esprit, en criant miséricorde, tous (se) renversaient par terre. Le soir en se retirant, ceux qui passèrent par St Sauveur, un officier nommé Tirbon les attendait avec sa compagnie, voulut leur donner

5. Ce qui s'est répandu par tout le pays, c'est « l'inspiration ».

6. Le 15 février, selon les dates de Samuel Mours, était un mardi. Le samedi 12, une réunion très importante eut lieu près de Pranles ; les jours suivants, il y en eut aussi aux environs. Le style trahit l'émotion de l'auteur.

dessus, tuèrent une fille et leur guide, et on tua le capitaine et treize soldats, et les autres prirent la fuite.

Le lendemain 16e dudit mois, on tua la femme du Sr Bourja, notaire à la Croix du Banc, et Mr de Folleville attendait l'assemblée de St Cierge à Gruas et en tua une douzaine.

Le 19e février 1689 se fit une assemblée au Serre de la Palle, paroisse de St Genest [7]. Mr de Folleville et son armée en ont tué trois cent trente trois, sans compter ceux qui furent blessés. Pour lors on vit un arc-en-ciel qui entournait le soleil.

A propos d'Isabeau Vincent, on peut comparer la relation d'Étienne Durand à celle de la Pervenche, mais aussi au récit de Fléchier [8], évêque de Nîmes à cette époque qui a l'avantage de présenter un point de vue catholique autorisé ; ce récit laisse entendre qu'il s'agissait d'une supercherie, d'une mise en scène : « elle fut, dit-il, séduite et un inconnu lui apprit le métier de prophétesse... on la crut propre à bien jouer son personnage. – un sommeil contrefait. – on donnait ce spectacle. – la scène avait été bien préparée. – un honnête homme prenait soin que tout réussît et se tenait auprès d'elle. – le gentilhomme chez qui la comédie se donnait. – elle prenait le ton et imitait les gestes d'un ministre en chaire. – elle contrefaisait bien l'endormie ». Cependant, l'évêque utilise le témoignage d'un avocat du Dauphiné nommé Gerlan qui a « protesté qu'il ne dira que ce que ses yeux ont vu et ses oreilles entendu » dans la « relation qu'il a faite des grâces que Dieu a répandues sur la personne de cette jeune bergère » ; or, il rapporte des paroles qui montrent une véritable formation biblique, « après le chant des commandements de Dieu et d'un psaume » : « Si quelqu'un vous dit voici le Christ il est ici, ou voici il est là, ne les croyez point... Mes bien chers frères, Dieu vous a donné ses lois et ses commandements, il faut les suivre ; Dieu est votre père, il ne veut pas que nous soyons serviteurs et enfants inutiles ; il faut suivre la volonté de notre père ; mais prenez garde de ne pas suivre le commandement des hommes, et la tradition des méchants... Cherchez la parole de Dieu et vous la trouverez. Suivez le sauveur de nos âmes. Dieu est un bon père, il ne veut point la mort du pécheur, mais sa conversion. » Elle disait encore que « bientôt arriverait la délivrance que Dieu avait promise, que là où il y aurait deux ou trois assemblés en son nom, il serait au milieu d'eux, mais que les méchants sécheraient comme l'herbe d'un pré fauché. »

---

7. Saint-Ginay, dit le texte, ce qui correspond à la prononciation actuelle locale.
8. *Lettres de Fléchier* (voir p. 36). *A Lyon chez les frères Braysset,* 1735, t. 1 (p. 350-398, pour Isabeau Vincent). Voir aussi B., S.H.P.F., 1938, p. 291 et suiv.

Après avoir chanté le psaume 42, elle ajouta : « Venez à moi vous qui êtes fatigués et chargés. Le Sauveur de nos âmes nous appelle. »

Ce sermon de la bergère est évidemment composé de paroles qu'on entend souvent au culte, mais auxquelles elle ajoute parfois des mots qui ne semblent pas avoir été inspirés par « un séducteur » érudit : Qui d'autre qu'une bergère aurait l'idée de transformer un verset bien connu en une image nouvelle : « les méchants sécheront comme l'herbe d'un pré fauché » ?

Signalons, sans entrer dans le détail, de nombreux rapprochements possibles avec le texte de Sagnes : dans les deux cas, un avocat serait à l'origine de la « relation » ; le chant des commandements (Décalogue rimé) ; le même psaume 42 ; les paroles rapportées concordent assez souvent. Y aurait-il, au moins en partie, une origine commune ? L'avocat Gerlan, dont Fléchier a eu en main le témoignage, « très zélé pour la gloire de cette fille », est certainement un protestant. Le texte qu'a pu lire Étienne Durand, ou les échos qu'il en a eus ressemblaient sans doute au texte de Sagnes. On comprend qu'il ait pu y puiser un nouvel espoir.

Étienne Durand n'a évidemment pas ignoré l'arrestation ou la mort de plusieurs personnes des environs qu'il passe sous silence, toutes pour délit d'assemblées. Samuel Mours, citant le commandant des troupes Broglie, parle d'une assemblée à Pourchères au début de 1689. Il relève les noms de : Paul Béraud de Pourchères tué avec une vingtaine de personnes parce qu'on chantait des psaumes chez lui ; sa fille Sophie, prophétesse pendue à Privas ; Madeleine Perrier de Lavayas (Pranles) torturée puis envoyée à la Tour de Constance où elle ne tarda pas à mourir ; Daniel Combes et Claude Pagès de Lavayas, Pierre Chazalet de Pranles, eux aussi envoyés à la Tour. En 1691 une autre assemblée fut surprise près de Creysseilles ; deux hommes, René Trenchat et Jacques Fort, et six femmes, Marie Trenchat, Jeanne Chazalet, furent conduits à Beauregard, à Saint-Péray. On comprend la frayeur qui dut s'emparer des malheureux nouveaux convertis. Et pourtant, les Assemblées continuèrent. Étienne Durand a retenu pour l'année 1689 essentiellement les dramatiques rassemblements de Tauzuc, de Saint-Cierge et du Serre de la Palle. Ce dernier, en particulier, ayant laissé un très vif souvenir dans la tradition orale du pays, voici le récit qu'en fait l'évêque Fléchier qui montre bien qu'Étienne Durand n'a pas exagéré :

Il ſe fit pluſieurs détachemens pour entourer la petite montagne de la Palle, au ſommet de laquelle ces Fanatiques étoient poſtez. M. de Folleville leur envoïa le Prévôt Raymon pour tâcher de les ramener à leur devoir ; mais il fut mal reçû, on lui cria d'abord *Tartara*, arriere de moi Satan, tu ne me tenteras point. Il s'élança un homme de l'aſſemblée, qui eſſuïa ſon coup de piſtolet, & le pourſuivit à coups de pierre. On leur envoya encore un Officier pour leur offrir grace;un homme accompagné de ſept ou huit femmes le chaſſerent comme le premier. Un des leurs s'étant venu preſenter à la mort, on lui perſuada aiſément de vouloir vivre, & on l'obligea d'aller exhorter ſes freres à recevoir le pardon de leur opiniâtreté, mais il ne put rien gagner. On reſolut donc de donner ſur cette multitude de fous. Ils s'ébranlerent, ſe diviſerent en pluſieurs pelotons, s'embraſſerent les uns les autres, & s'entre- ſoufflerent à la bouche pour ſe communiquer le Saint-Eſprit : puis ils vinrent hardiment au devant des troupes, dans la penſée qu'ils étoient devenus immortels & invulnerables, ou que du moins ils reſſuſciteroient peu de jours après. Mais ils furent inveſtis, & c'eſt l'opinion commune, qu'il y en eut trois à quatre cens de tuez ou de bleſſez.

Extrait des Lettres choisies de Fléchier (Lyon, 1735).
Récit fidèle de ce qui s'est passé dans les Assemblées des Fanatiques du Vivarais.

Le Mémoire signale ensuite une assemblée surprise au Creux-de-Veye :

> En l'année 1690 se fit une assemblée au ruisseau de Veye, proche du pont des Ollières. Mr de Vocance, avec les troupes de Privas en ont tué ou blessé beaucoup, et sans Mr Demonteil de Bavas, on aurait tout tué. Le restant fut pris ; on en a pendu quelques-uns, et les autres furent mis en galères et les femmes et filles à Carcassonne.

S'il n'y a pas erreur de date, il semble que cet endroit ait été durablement un lieu de réunion puisqu'une autre assemblée y fut surprise en 1701 dont Étienne Durand ne parle pas.

Toujours est-il que nous ne saurons pas si celui-ci a assisté à certaines de ces assemblées, mais on sent bien qu'il condamne les tueries et se réjouit en particulier de l'intervention de M. Demonteil. Deux noms sont particulièrement à retenir dans ce récit, d'abord celui de M. de Vocance, seigneur du Château de la Tour, qui, d'après Antoine Court, « à la tête de ses milices ou de ses compagnies franches, avait souvent massacré les protestants dans leurs assemblées », et qui trouva la mort dans une embuscade au Bois de Rauzet en 1709, à son retour d'une foire de Mézilhac, malgré le secours de son ami protestant Dubay. Et l'autre, c'est celui de Jean

Demonteil, de Bavas, sans doute un homme de bonne volonté du côté catholique, le père de M. de Saint-Quintin auprès duquel, à Bavas encore, Étienne Durand cherchera appui en 1728.

On a déjà remarqué que le chroniqueur ne se contente pas de noter les événements locaux mais qu'il reçoit des nouvelles du royaume, de Valence, et même d'Orange :

> La même année 1690, on établit à Valence un malheureux nommé Rapine, qui était concierge des femmes qu'on mettait dans sa prison où il leur donnait deux fois le jour la discipline avec un nerf de bœuf. Il y avait un gentilhomme qui le pria d'épargner sa mère, et il lui répondit qu'il en ferait de pire. Sur cela ce gentilhomme le perça d'un coup d'épée, et cette prison cessa.
>
> L'année 1696 on mit des troupes autour de la Ville d'Orange pour empêcher ceux de la religion d'aller au prêche dans cette Ville. Et cela dura pendant trois ans, et les troupes étaient entretenues par ceux de la religion. Pranles paya quarante cinq livres tous les trois mois.

L'enclave d'Orange appartenait à la maison de Nassau et était devenue le refuge d'un grand nombre de persécutés du Midi, plus de quatre mille dont soixante ministres au moment de la Révocation. Elle fut occupée en 1686 par le comte de Grignan, lieutenant-général du roi en Provence ; deux temples furent démolis, il y eut abjuration en masse ; les ministres furent emprisonnés à Lyon ; les dragonnades se prolongèrent jusqu'à la restitution du pays imposée à Louis XIV par la paix de Ryswick (1697). L'enclave fut à nouveau occupée en 1703, après la mort de Guillaume III de Nassau, ce qui provoqua l'exode de plus de trois mille habitants [9].

C'est l'impôt supplémentaire qui a mis en alerte l'attention de l'expert-foncier, mais c'est aussi essentiellement les événements religieux qui retiennent son attention. Or, plusieurs Vivarois ont été arrêtés pour être « allés entendre le prêche à Orange », dont Jacques Plantier de Saint-Péray, Pierre Julien de Saint-Agrève, Isaac Saigne de Labâtie-d'Andaure.

Dans son *Mémoire* Étienne Durand ne dit rien de sa vie privée. En 1691, le jeune homme arrivait à trente-quatre ans ; il avait encore ses parents, Pierre Durand et Isabeau de Cros, un frère René, sans doute un autre, Jacques, deux sœurs, Madeleine et la dernière Marie,

---

9. D'après E. G. Léonard, *Histoire Générale du Protestantisme*, II p. 380. Le nonce apostolique Delfino était intervenu, après la paix de Ryswick, pour obtenir du roi une déclaration interdisant aux sujets du Royaume la fréquentation des temples rétablis à Orange (Pierre Blet, dans *« Actes » du Synode SHPF* sur la Révocation. 1985, p. 276).

Intérieur, escalier.

MAISON
DU BOUSCHET

Entrée.

baptisée, comme René par le pasteur Reboulet, en 1675. Il connaissait depuis longtemps, puisqu'elle était sa voisine au Bouschet, Claudine Gamonnet, plus jeune que lui puisque baptisée le 20 avril 1670 ; mais les événements ne facilitaient pas les mariages. Irait-on à la messe ? Fallait-il attendre ? Ils se décidèrent pourtant et commencèrent par signer devant le notaire Vidal, le 10 mars, un contrat de mariage qui nous permet de mieux connaître les deux familles, mais qui suscite aussi l'étonnement pour deux raisons au moins : la première, c'est la présence de sept signatures Durand, fermes et bien dessinées, au bas de la minute, à une époque où tant de gens étaient « illitérés de ce enquis et requis », selon la formule ; la deuxième, le lieu de la signature, c'est-à-dire la maison de Jean Cazeneuve, à Saint-Jean (Pranles), grand notable catholique, et la présence du curé Tessier parmi les témoins qui ont signé. Voilà de quoi être perplexe ! Prudence et précaution d'Étienne et Claudine ? ou méfiance et ingérence des autorités ? La suite des événements ne laisse subsister aucun doute. Voilà à quoi on en était réduit !

Les sept signatures Durand sont celles d'Étienne, de son père Pierre, de quatre cousins, frères entre eux et venus du Vabre de Creysseilles, René, Étienne, Pierre et Jean ; la septième peut-être celle de René, frère du fiancé. Quel exemple pour les Vivarois de l'époque !

Claudine (Glaudine), elle, n'a pas signé, mais ses trois oncles, Joachim Reboul de la Chièze, Antoine Faure de la Seauve et Jean Grel de Chomérac. Ses parents Anthoine Gamonnet et Marie Reboul étaient déjà morts ; mais étaient présents son frère David Gamonnet du Bouschet, et son parrain Jacques Gamonnet du Solier, sans doute un quatrième oncle. Les parents de Claudine avaient vécu au Bouschet sur un petit domaine ; l'ensemble de leurs biens est estimé à la somme totale de deux mille deux cent nonante huit livres par les experts Tavernol, un protestant qui avait fait baptiser ses enfants par le pasteur Reboulet, et Dufau de Privas, mais le minutier des notaires nous montre qu'Anthoine et ses héritiers, dont E. Durand et Claudine, avaient des obligations à rembourser. Le frère David vivait aussi au Bouschet où il épousera Jeanne Bernard en 1698.

Par ce contrat de mariage, Claudine, comme il était de règle, rendait son fiancé vrai seigneur et maître et procureur de ses biens, tous et chacun, présents et à venir ; de leur côté Pierre Durand et Isabeau Cros, les parents, faisaient don à leur fils de la moitié de leurs biens, le chargeant de régler leurs dettes et le rendant quitte des « légitimes » des autres enfants ; ils mettaient comme condition que les nouveaux mariés habitent avec eux et se conduisent « comme vrais enfants sont tenus ». De plus, ils faisaient leur fils héritier du reste de leurs biens au jour de leur décès à l'un et l'autre, les

DU CÔTÉ DE CLAUDINE

REBOUL (à La Chièze)

Anthoine
GAMONNET
du Bouschet
+ avant 1791

Jacques
GAMONNET
du Solier
(La Chièze)
parrain
de Claudine

Marie
+ avant 1791

Joachim
↓
Jeanne qui épouse
le notaire
Jacques Boursarie
↓
Joachim 1716
Jeanne 1721
?... 1723
Jacques Boursarie
avait d'abord
épousé
Marie Péméant

3 enfants

Claudine (bapt. le
20 avril 1670)
épouse d'Étienne
Durand

David
X Jeanne Bernard
fille de Pierre
et Jeanne Terrasse
↓
– Jeanne
0 23 février 1704
B 9 mars
Parrain,
Champeyrache
= Bévengut

– Madeleine 1
décédée avant 1710

– Jean
parrain Ét. Durand
à la place de Pierre

– Madeleine 2
1710
ne vit pas, témoin
de l'enterrement
E. Durand,
« signé »
mais ne signe pas

Paule
marraine réelle
de Pierre Durand

Témoins du contrat de mariage de Claudine :
– ses oncles : Joachim Reboul, Antoine Faure de la Seauve, Antoine Grel de Chomérac, Jacques Gamonnet parrain,
– son frère David.

Une autre famille Gamonnet vivait aux Sceauteaux.

Au Reboul, une Marie Gamonnet, épouse de Isaac Pagès.

Signatures du contrat de mariage d'Étienne et Claudine

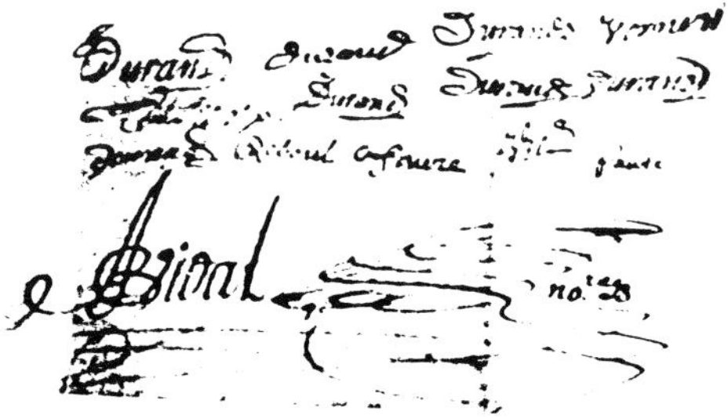

« légitimes » une fois payées. On y ajouta augments réciproques de dot, et vingt-cinq livres offertes à Claudine pour bagues et bijoux. Et enfin une clause pittoresque nous apprend que Durand le père et feu Gamonnet étaient en procès, mais qu'à l'occasion du mariage, ce procès ne sera pas poursuivi. Pour une fois l'idylle de Roméo et Juliette aurait eu raison de la querelle des Capulet et des Montaigu ! Pas tout à fait cependant car, en cas de mort prématurée de la fiancée et de ses éventuels enfants, le procès pourrait recommencer !

Le mariage fut-il béni à l'église de Pranles ? Aucun document ne le dit car les registres curiaux actuellement connus ont une lacune en 1691. Mais c'est pourtant l'évidence, compte tenu des conditions de la signature du contrat et du fait que les enfants seront déclarés « enfants naturels et légitimes d'Étienne et Claudine (ou Claude) mariés ».

Nous ne pouvons pas savoir si des enfants naquirent entre 1691 et 1700, car il reste peu de documents pour cette époque et notamment aucun pour la période 1694-1698 ; en tout cas, aucun ne survécut.

Moins de trois ans plus tard, le 2 décembre 1693, Étienne Durand et sa mère sont présents à la signature du contrat de mariage de leur sœur et fille Marie avec Jean Vabre de Pleineselve. Les fiancés promettent, comme Étienne et Claudine l'ont fait « de se prendre et épouser l'un l'autre en vrai et légitime mariage et celui faire bénir et solenniser en face de Sainte Mère Église apostolique et romaine à la première réquisition d'une partie à l'autre... » Et à cette occasion, la fiancée déclare avoir des biens pour une valeur de quatre-vingt-deux livres et consistant de plus en une somme de cent soixante livres que sa mère et son frère promettent de lui verser pour ses droits de « légitime », à payer en quatre versements. C'est cette dernière somme qui ne sera pas encore entièrement réglée au retour d'Étienne Durand du fort de Brescou (comment l'aurait-il fait ?) et, qui provoquera un procès entre les intéressés dont les épisodes sont rapportés dans *Lettres de Marie Durand,* p. 52 et suivantes. Le contrat est signé par quatre Durand, Étienne ; René du Vabre de Creysseilles ; Pierre et Jacques, drapiers, de Villeneuve-lès-Privas. Le père d'Étienne, Pierre du Bouschet, était mort avant le 24 septembre 1692.

Ce dernier, on s'en souvient, était venu au Bouschet en se mariant avec Isabeau de Cros ; les biens du couple venaient essentiellement de la succession des parents de celle-ci, Henry de Cros et Anne Pizette, hérités ou achetés. Anne Pizette avait des biens importants, estimés à plus de quatre mille cinq cents livres ; c'est pourquoi, en 1692, Étienne et sa mère dont il est donataire, on l'a vu dans son contrat de mariage, procèdent, avec les frères d'Isabeau, Marc Cros et Élie Cros (on remarque qu'ils n'ont pas droit à la particule) et leur sœur Marie au partage des biens d'Anne Pizette qui avait fait d'Isabeau son héritière. Marie donne ses droits de « légitime » à sa sœur, mais Marc et Élie n'acceptent pas la part de terres qui leur a été faite ; de plus la situation se complique en raison du don fait par Marie à sa sœur et du fait que des sommes diverses, taxes, censes, ou autres redevances ont été payées par les uns ou les autres, au point que Élie est « entré en procès » et Marc « en est proche ». Mais enfin tout s'arrange et se règle à l'amiable.

Au même moment, le 26 septembre 1692, Étienne Durand « mari et maître des biens dotaux de Glaudine », et son beau-frère David, qui n'a que ses droits de « légitime », procèdent à une répartition des biens d'Anthoine Gamonnet où il est question d'une maison qui confronte au levant avec la maison de Pierre Combes, et sur les autres côtés, avec l'hière (aire), la basse-cour et le grenier à foin de l'hoirie Gamonnet ; de cette maison David aura le membre de dessus dit « chambre de l'hière », et le dessous restera audit Durand. Ces détails ont paru mériter d'être notés car il s'agit là, à n'en pas douter, de la cave, ou maison, où « il fut souvent prophétisé », où Pierre Durand, Pierre Rouvier et quelques autres préparèrent l'assemblée de la Combe de Navalet, et qui fut détruite par les soldats. David et Claudine n'étaient pas les seuls héritiers. Il y en avait un troisième, sans doute Paule Gamonnet, marraine de Pierre Durand, qui est vraisemblablement sa tante. – Marie Gamonnet, épouse d'Izaac Pagès au Reboul, au-dessous du Bouschet était une cousine.

En 1694 encore, on apprend qu'Étienne rembourse une somme de trente livres que son beau-père devait à Claude Dessus depuis le 17 mars 1685. Étienne était-il déjà expert-foncier ? Il se montrait, en tout cas, habile à arranger les affaires d'héritages et à apaiser les conflits.

Ces soucis d'ordre matériel n'accaparaient pourtant pas entièrement le jeune marié. C'est le 12 mai 1694 qu'il grave sur la clef de voûte du porche de sa maison, peut-être à l'occasion d'une réparation, le début du psaume 51 « Miserere mei Domine Deus. Étienne Durand ». Et, deux ans plus tard le cri d'espérance et de reconnaissance « Loué soy Dieu. E. D. » sur le manteau de la grande cheminée. Le psaume 51 n'est pas seulement un chant de repentance, mais aussi d'attente du pardon, de confiance et de louange. Manifestations d'angoisse, de remords, ou d'espoir pour des raisons personnelles, d'ordre privé, ou, comme on l'a dit, sentiment d'une culpabilité partagée avec tous ceux qui avaient été contraints à l'abjuration, et attente du pardon, en tout cas expression d'une foi profonde et résolue qui éprouve le besoin de s'extérioriser malgré les risques.

C'est ce même psaume 51 que Pierre Durand chantera en allant au martyre comme aussi Étienne Arnaud, compagnon de Court, pendu en 1717. La famille Durand l'a sans doute particulièrement aimé et médité. En voici quelques passages pris dans l'édition de Genève de 1721 dont Étienne possédait un exemplaire :

> « Si ta pitié, m'exauçant aujourd'hui,
> Sèle à mon cœur ma grâce entérinée,
> Mes os brisés, après un long ennui,
> Rappelleront leur vigueur ruinée...
>
> Alors, Seigneur, rentré dans tes sentiers,
> Aux égarés je les ferai reprendre ;
> A mon exemple, on les verra s'y rendre,
> Et revenir à toi plus volontiers...
>
> Ouvre, Seigneur, mes lèvres désormais,
> Que mes frayeurs ont trop long-tems fermées ;
> Et par mes chants tes louanges semées,
> Retentiront en tous lieux, à jamais... »

Il ne faut pas s'étonner de ne trouver sous la plume d'Étienne Durand aucune allusion au passage de Claude Brousson, devenu pasteur, en Vivarais. C'eût été une grave imprudence. Bien que celui-ci n'ait semble-t-il pas visité les paroisses de la rive droite de l'Eyrieux, son message réconfortant n'est pas passé inaperçu dans ce petit peuple du Vivarais qui, sans pasteurs et sans temples, se maintenait dans la foi par les assemblées secrètes, par les inspirations parfois naïves, parfois étranges, mais le plus souvent marquées d'authenticité biblique. Les Durand étaient du nombre de ceux qui maintenaient la fidélité.

Un détail permet de penser que Brousson était considéré comme un modèle dans la famille du Bouschet. En effet, dans la lettre de Pierre, jeune proposant, à ses parents en 1719, on peut lire :

> « S'il a été pris dans son conseil (celui de Dieu) de me livrer (à mes ennemis), au moins que je suive les traces de M. Brousson et le sieur Rey de Nîmes, ayant plus estimé, le premier être rompu vif, et l'autre la question et ensuite la potence que d'abandonner la profession de la vérité qu'ils avaient connue et prêchée pendant un long temps sous la croix, comme moi présentement. »

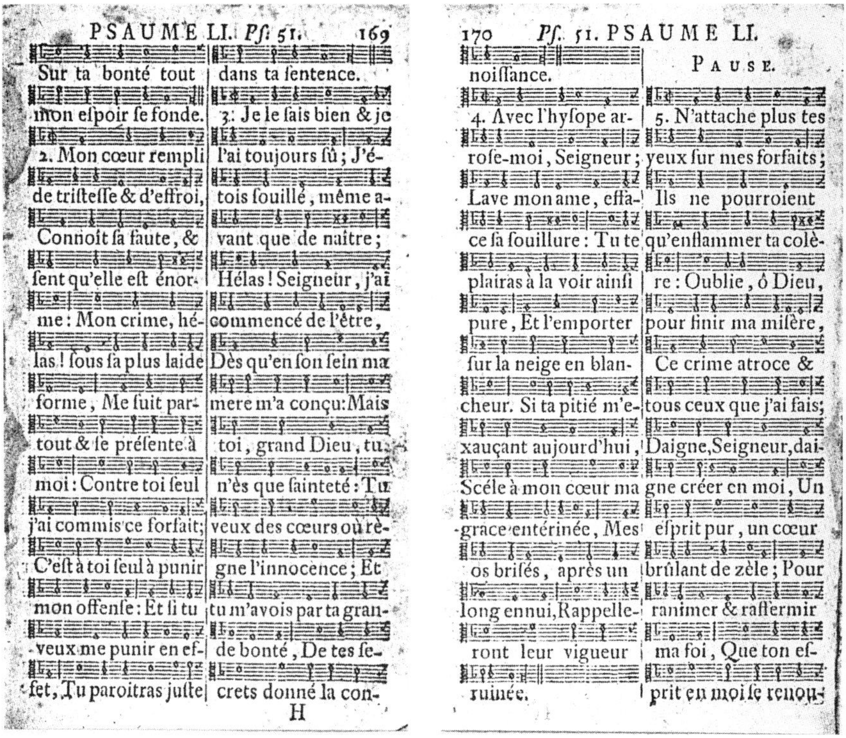

Psaume LI tiré d'un psautier du XVIIIe siècle.

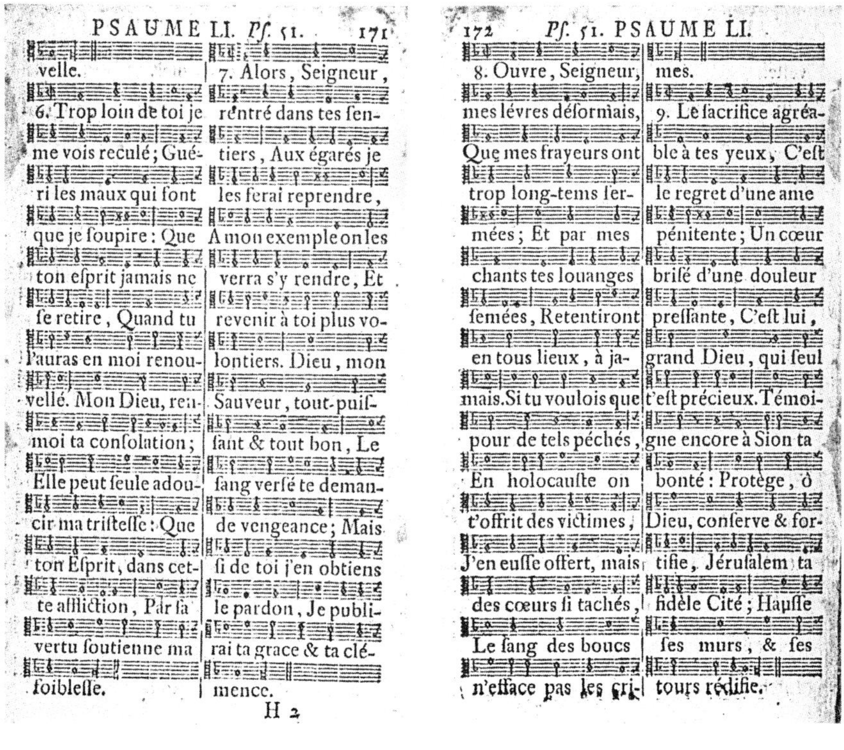

On peut ajouter, bien que le rapport ne soit pas évident, que le verset de Job XIII, 15 « Quand il me tuerait, j'espérerais toujours en lui », que Marie cite comme une adresse directe au Seigneur dans sa lettre à Anne du 3 mars 1755, est le texte d'un sermon de Brousson de 1698, après son passage en Vivarais.

C'est dans cet état d'esprit qu'Étienne et Claudine reçurent dans leur foyer le premier de leurs enfants que nous connaissions, Pierre. Il vaut sans doute la peine de transcrire entièrement son acte de baptême, ce qui ne semble pas avoir été fait depuis que, avant 1859, le pasteur Meynadier de Valence eut l'heureuse idée d'en demander une copie au curé Luquet ; on ne connaît pas actuellement de registre curial de Pranles pour cette année 1700. Voici ce qu'on y lit :

> « Pierre Durand, fils naturel et légitime d'Estienne et de Claude Gamonnet, mariés, du lieu du Bouschet, paroisse de Pranles, est né le 13e et a été baptisé le 14e du même mois de Septembre 1700, dans l'église paroissiale de Pranles, par moi-même soubsigné. Son parrain a été Jacques Coste, à la place de René Durand ; sa marraine, Marguerite Bévengut, à la place de Paule Gamonnet ; en présence de Jacques Combe, Alexandre Riailhe, André Bévengut soubsignés. Combe, Riailhe, Bévengut ; Augier, vicaire ».
> Et le curé Luquet ajoute : « Extrait de son original, qui est en mon pouvoir.
>
> Luquet, curé de Pranles. »

Pourquoi, s'est-on demandé, les Durand ont-ils conduit leur nouveau-né à l'église ? La question ne se pose plus guère ; on sait que tous le faisaient, et que les parents avaient eux-mêmes été mariés à l'église. Pourquoi le père a-t-il pris part à cette cérémonie ? Mais quelle part y a-t-il prise ? Y a-t-il même pris part ? On note que le parrain René, frère d'Étienne, n'était pas présent ; pas davantage la marraine, Paule, sans doute sœur de Claudine. On a cherché des remplaçants : ce sont les jeunes amis Bévengut qu'on a trouvés, et Jacques Coste, et Jacques Combe, voisin des Gamonnet.

Il est vrai qu'une note du pasteur Meynadier ajoute qu'on peut lire au dos de l'acte, « de l'écriture d'Étienne Durand » : « Pierre Durand, mon fils, est né le 12 septembre ». Que signifie « le dos de l'acte », les pages des registres étant généralement utilisées recto-verso ? De plus, comment le père aurait-il pu faire cette rectification le jour-même ? Cela pourrait bien être une correction plus tardive.

LA DESCENDANCE D'ÉTIENNE ET CLAUDINE

Étienne DURAND × Claudine GAMONNET
1657-1749 1670 – avant 1726

Pierre
1700-1732
épouse en 1727
Anne Rouvier
1702-1747

Jeanne
1703-1706

Étienne
1708 - ?

Marie
1711-1776
épouse en 1730
Mathieu SERRE
environ 1790-
mort exilé.

(enfants de Pierre et Anne Rouvier)

Jeanne
1727-1730

Anne
1728-après 1784
épouse en 1765
Jean-Claude CAZENEUVE
fils de Jean

Jacques-Étienne
1730-avant 1740

(enfants d'Anne et Jean-Claude Cazeneuve)

Marianne
1765 : vit 12 jours

Charles-Philippe
1767 : vit peu de temps

Pierre est donc né la dernière année du siècle, peu avant le commencement de la guerre des Camisards qui eut un grand retentissement jusqu'au Bouschet de Pranles.

Avant de relever le récit qu'en fait notre chroniqueur, il faut rappeler que 1701 est l'année de l'assemblée surprise au Creux-de-Veye, dont les gens du pays ont conservé un vif souvenir. (Voir S. Mours, op. cit., p. 312). Faut-il rapprocher cette assemblée de celle qu'Étienne Durand place en 1690 ? Ce qui est certain c'est qu'un mouvement de prisonniers protestants eut bien lieu en Languedoc à la fin de l'année. Le 16 novembre 1701, par ordre de Bâville, des femmes et des filles doivent être conduites de Montpellier au château de la cité de Carcassonne. Parmi elles, nombreuses sont celles qui viennent de la région proche de Pranles : Suzanne Champelovière et Suzanne Caucade, de Saint-Maurice ; Élisabeth Pralin, Anne Mallé et Anne Mallé nièce de la première, de Pranles ; Judith Cols, Anne Bial, Anne Bourjas, Judith Comte et Jeanne Comte, de Saint-Sauveur ; Jeanne Peyre, de Saint-Cierge ; Élisabeth Alié et Élisabeth Vernet, de Saint-Vincent de Durfort ; Catherine Coste, du Pont des Houlières ; Élisabeth Bouisson, de Saint-Fortunat [10]. Les femmes et filles prises à l'assemblée de 1690 dont parle plus haut Étienne Durand ont aussi, d'après lui, été conduites à Carcassonne.

10. B. *S.H.P.F.*, 1928, p. 436.

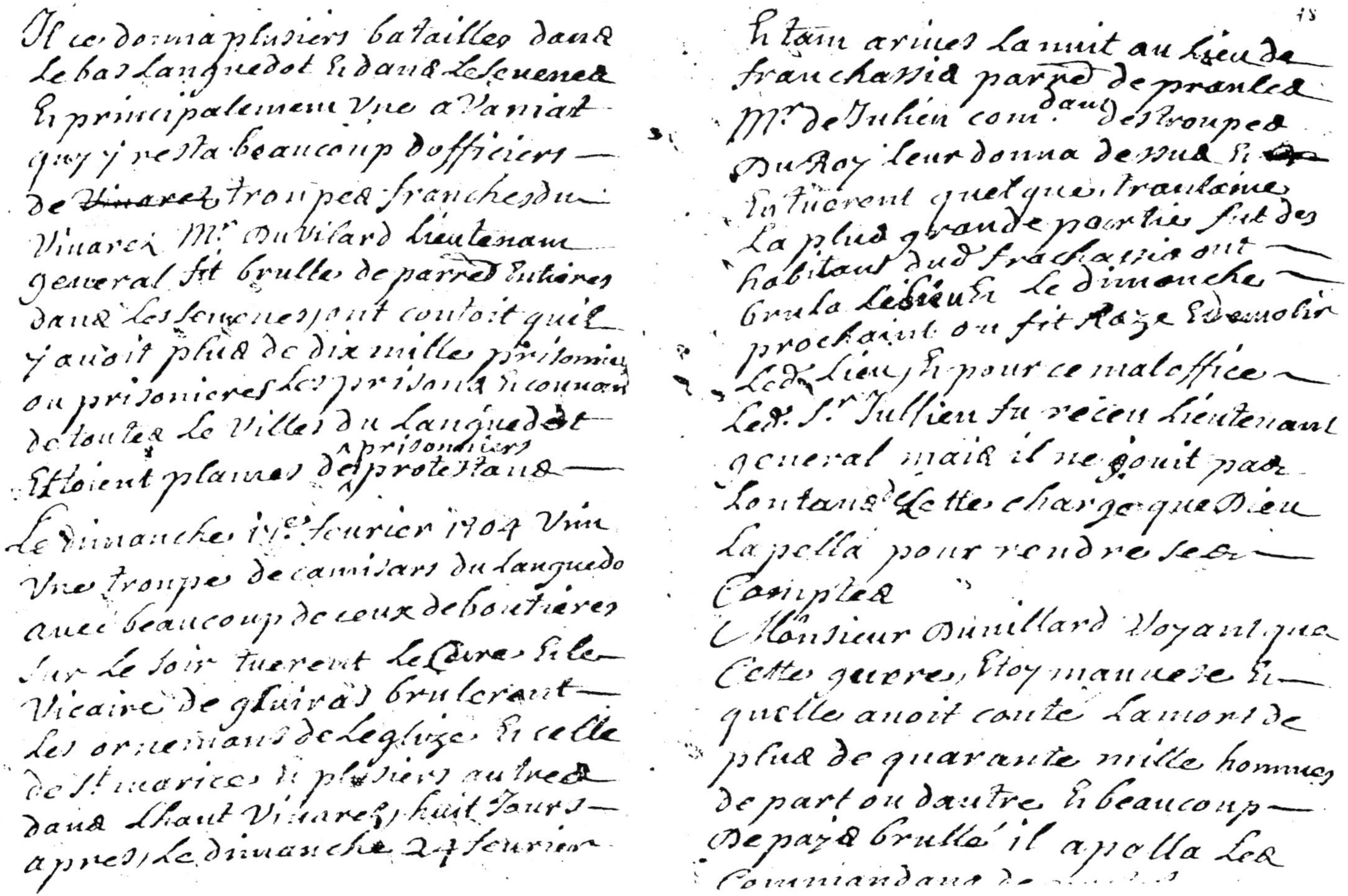

Il se donna plusiers batailles dans
Le bas Languedot et dans Les Seuenes
Et principalemen vne a Vaniat
quy y resta beaucoup dofficiers
de ~~Vivarez~~ troupes franches du
Vivarez Mr Duvilard lieutenan
general fit brulles de parroisses entieres
dans les Seuenes ont contoit quil
y auoit plus de dix mille prisoniers
ou prisonieres les prisons et counans
de toutes les villes du Languedot
Etoient plaines de prisoniers protestans
Le dimanche 17e feurier 1704 vne
Vne troupe de camisars du Languedo
auec beaucoup de ceux de boutieres
sur le soir tuerent le Cure et le
Vicaire de gluiras brulerant
les ornemans de Leglize et celle
de St marices et plusiers autres
dans Lhaut Vivarez huit Jours
apres Le dimanche 24 feurier

15

Et tan arives La nuit au lieu de
franchassia parsé de pranles
Mr de Julien comdant des troupes
du Roy leur donna dessus et
en tuerent quelques traulaine
La plus grande partie fut des
habitans dud franchassia ont
brula Le lieu et Le dimanche
prochaint on fit raze et demolir
Led lieu et pour ce maloffice
Led Sr Jullien fu recu lieutenant
general mais il ne jouit pas
Lontans de cette charge que Dieu
Lapella pour rendre ses
Comptes
Monsieur Duuillard voyant que
Cette guerre etoy maniere et
quelle auoit couté La mort de
plus de quarante mille hommes
de part ou dautre et beaucoup
De pays brullé il apella Les
Commandans de

Les camisards en Vivarais : récit d'Étienne Durand (Archives de l'Hérault, C. 201).

Reprenons ici le Mémoire :

En l'année 1701 Mr l'abbé du *Chayla*, dans les Cévennes du Languedoc, par des blancs-seings de Mr de Bâville, intendant, faisait capturer tous ceux qu'il haïssait de la religion et les mettait à la jarretière, c'est-à-dire entre deux poutres qui les tenaient aux jambes, qu'ils ne pouvaient se remuer, et par le moyen de ce désordre se fit une émotion secrète de plus de trois cents hommes. Un soir ils tuèrent l'abbé du Chayla, sa sœur, le maître d'école et d'autres qui aidaient à donner la question aux prisonniers ; ils les égorgèrent tous et les mirent en pièces taillées. Cette troupe fut découverte du côté du Pont de Montvert, qui était commandée par les nommés Rolland, Castagnet et Rastelet.

D'abord vinrent des troupes au Languedoc qui formèrent une armée vaillante d'environ 20 000 hommes, et lorsqu'on découvrait que Rolland et sa troupe avaient été dans un lieu, on brûlait le lieu ; et les habitants étaient conduits en prison ou aux galères s'ils n'avertissaient les troupes du Roi. Et comme cette troupe de Rolland était mal entretenue, un jour que la lessive de la Ville d'Alais était étendue pour faire sécher, chacun d'iceux portant sa chemise sale à la main la changèrent pour une blanche sans faire autre mal ; et depuis ce jour-là l'on les appela des Camisards. Un jour les Camisards étant en un bourg proche d'Anduze [11], Mr de Montrevel, commandant des troupes du Roi, vint les attaquer ; mais il ne fut point le plus fort, car il perdit beaucoup d'officiers, et tout le régiment de la marine y resta ; et Cavalier, commandant des Camisards, gagna le cheval du capitaine Poul. Il se donna plusieurs batailles dans le Bas-Languedoc et dans les Cévennes, et principalement une à Vagnas [12], qu'il y resta beaucoup d'officiers, des troupes franches du Vivarais. Mr de Villars, lieutenant général fit brûler des paroisses entières dans les Cévennes. On comptait qu'il y avait plus de dix mille prisonniers ou prisonnières. Les prisons et couvents de toutes les villes du Languedoc étaient pleines de prisonniers protestants.

Le mouvement prophétique s'intensifia en Cévennes en 1701, mais le meurtre de l'abbé du Chaila eut lieu le 24 juillet 1702. Encore une fois nous pouvons remarquer que le Mémoire est loin d'être rédigé au jour le jour, mais seulement par périodes.

Le récit se poursuit par la tentative de Dortial d'introduire en Vivarais la guerre des Camisards, et par la fin de la guerre des Cévennes :

---

11. Près de Nîmes en réalité.
12. Tout au sud de l'actuel département de l'Ardèche ; en fait ce fut un échec pour Cavalier.

Le dimanche 17e février 1704 vint une troupe de Camisards du Languedoc avec beaucoup de ceux des Boutières. Sur le soir tuèrent le curé et le vicaire de Gluiras, brûlèrent les ornements de l'église, et celle de St-Maurice et plusieurs autres dans le Haut-Vivarais. Huit jours après, le dimanche 24 février, étant arrivé la nuit au lieu de Franchassis [13], paroisse de Pranles, Mr de Julien, commandant des troupes du Roi, leur donna dessus et en tuèrent quelque trentaine. La plus grande partie fut des habitants dudit Franchassis ; on brûla le lieu, et le dimanche prochain on fit raser et démolir ledit lieu ; et pour ce maléfice, ledit Sieur Julien fut reçu lieutenant-général, mais il ne jouit pas longtemps de cette charge, que Dieu l'appela pour rendre ses comptes.

Monsieur de Villars, voyant que cette guerre était mauvaise et qu'elle avait coûté la mort de plus de quarante mille hommes de part ou d'autre, et beaucoup de pays brûlé, il appela les commandants des protestants, c'est-à-dire Cavalier, Rolland, Rastelet et Castagnet pour traiter la paix ; et sous un otage, Cavalier vint à Nîmes joindre Mr de Villars et Mr le duc de Roquelaure. Et sur le traité, on promet à Cavalier d'être gouverneur de Brisach. Et le 24e juin 1704, il logea au St Esprit avec son escorte et ses troupes qu'il menait avec lui. Et quand il fut à Dijon, au lieu d'aller à Brisach, il s'en alla en Suisse, et la Reine Anne lui donna un régiment d'infanterie [14].

Il peut être intéressant de mettre en parallèle un point de vue vivarois et catholique sur ces événements, celui du curé Bouchardon de Saint-Péray, qui donne quelques détails peu connus, comme par exemple l'incendie de l'église d'Ajoux :

« Le 19e Février 1704, les huguenots mal convertis appelés fanatiques révoltés dans les Cévennes ont fait irruption dans ce pays et ont brûlé ledit jour l'église de Gluiras et tué le curé et le vicaire de cette église, plus l'église de Saint-Maurice et tué le curé ; le mardi 21 ont brûlé celle de Saint-Fortunat et la maison du nommé Retourna notaire ; le jeudi celle de Saint-Julien le Roux, de Bruzac ou Pierregourde, et les curés ont fui et échappé leurs fureurs ; l'endemain celle de Saint-Barthélemy le Pin ; le Samedi celle de Saint-Jean Chambre, de Saint-Sauveur et d'Ajoux ; et le dimanche, M. de Julien, nouveau

13. A quelques kilomètres du Bouschet de Pranles. Aucune trace des sépultures dans les registres curiaux de Pranles pour l'année 1704.

14. Cavalier avait espéré devenir colonel d'un régiment d'anciens Camisards. Il s'exila, servit le duc de Savoie, puis (1705) la reine de Grande-Bretagne et d'Irlande, fille de Jacques II. Celle-ci obtint en 1713 la libération de 144 galériens, dont Alexandre Astier qui avait été arrêté et Saint-Vincent de Durfort en 1689.

converti, maréchal du camp des armées du roi en a fait tuer soixante dans la paroisse de Pranles, au-dessus de Privas ; ils n'étaient dans toutes ces impies incendies que deux cents fantassins appelés du nom de Camisards parce qu'ils portaient des casaques de toile ; et il a fait réparer les églises par les nouveaux-catholiques fanatiques. » [15]

Un intermède du Mémoire raconte ensuite le grand froid de l'hiver 1709.

Le jour des Rois, 6e janvier 1709, commença une si grande gelée qui tua presque tous les blés du royaume de France ; il ne s'en sauva que fort peu. Et il fut une si grande récolte d'orge et de millet et d'avoine qu'elle fut abondante pour nourrir le peuple ; il est vrai qu'il en mourut beaucoup de pauvres qui mangeaient de toutes sortes d'herbes, et de pain de glands, et d'écorces et de racines sauvages. Le blé froment valut jusqu'à trente livres le setier [16], et vingt-cinq livres le seigle. Ceux qui avaient du blé n'en étaient point les maîtres. Les consuls et syndics le faisaient vendre à un prix raisonnable, et une quarte à chaque famille, et pour ensemencer les terres en 1710, le Roi fit venir du blé de Turquie, à douze livres le setier.

Le curé Bouchardon s'exprime en ces termes sur le même sujet :

« Le six Janvier 1709 a commencé un grand froid qui a tué tous les arbres, noyers et oliviers, et les blés entièrement, presque dans tout le royaume, et sans la production miraculeuse des orges et du millet, tout mourait, d'où une grande disette et une mortalité extraordinaire. »

Mais le contre-coup de la guerre des Cévennes n'était pas terminé. Notre chroniqueur raconte assez longuement la tentative d'Abraham Mazel et de Billard. Il semble ignorer le nom de Justet qui a largement contribué au déclenchement de l'insurrection en recrutant une trentaine de jeunes gens dans la région de Vals ; c'est Justet qui tendra une embuscade à M. de Vocance ; il sera tué à Leyrisse. Quant au nombre des combattants, du côté des révoltés, le total était d'une centaine ; du côté des troupes, le pasteur Meyssonnier parle de quatre ou cinq cents dans ses *Mémoires* ; Antoine Court dit : « au moins quatre fois plus considérable que les Camisards ».

Étienne Durand n'a certainement pas ignoré qu'après le meurtre de M. de Vocance les Camisards étaient venus se cacher sous la ferme du Mounet, dans la paroisse de Serres, c'est-à-dire assez près du Bouschet mais derrière la montagne et de l'autre côté de l'Auzène

15. Registre du curé Bouchardon. Archives communales de Saint-Péray.
16. En Boutières, en 1735, le blé valait trente sous la quarte, ce qui fait environ six livres le setier.

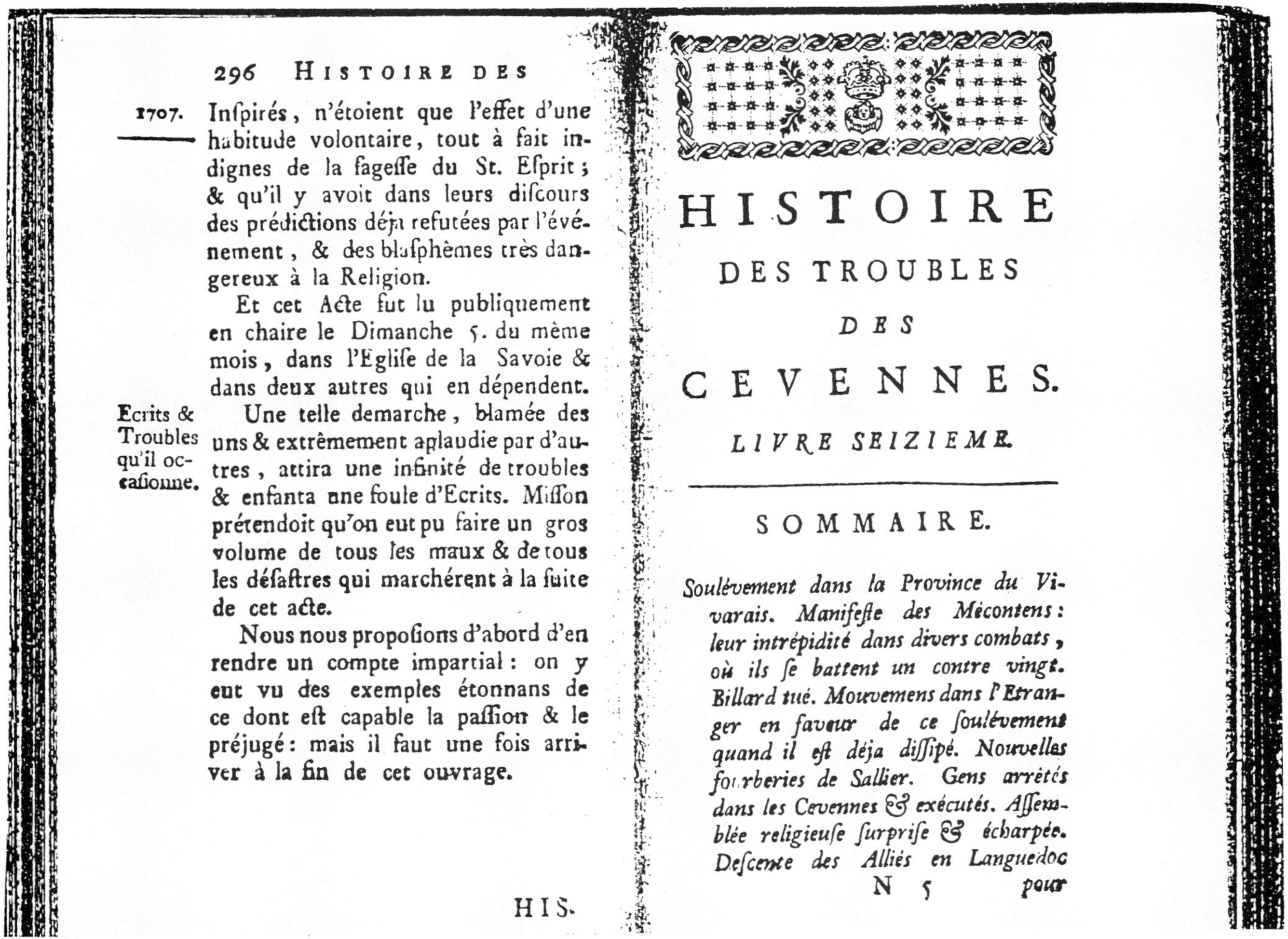

296 HISTOIRE DES

1707. Inſpirés, n'étoient que l'effet d'une habitude volontaire, tout à fait indignes de la ſageſſe du St. Eſprit; & qu'il y avoit dans leurs diſcours des prédictions déja refutées par l'événement, & des blaſphêmes très dangereux à la Religion.

Et cet Acte fut lu publiquement en chaire le Dimanche 5. du même mois, dans l'Egliſe de la Savoie & dans deux autres qui en dépendent.

Ecrits & Troubles qu'il occaſionne.

Une telle demarche, blamée des uns & extrêmement aplaudie par d'autres, attira une infinité de troubles & enfanta une foule d'Ecrits. Miſſon prétendoit qu'on eut pu faire un gros volume de tous les maux & de tous les déſaſtres qui marchérent à la ſuite de cet acte.

Nous nous propoſions d'abord d'en rendre un compte impartial : on y eut vu des exemples étonnans de ce dont eſt capable la paſſion & le préjugé : mais il faut une fois arriver à la fin de cet ouvrage.

HIS.

HISTOIRE
DES TROUBLES
DES
CEVENNES.

LIVRE SEIZIEME.

SOMMAIRE.

Soulévement dans la Province du Vivarais. Manifeſte des Mécontens: leur intrépidité dans divers combats, où ils ſe battent un contre vingt. Billard tué. Mouvemens dans l'Etranger en faveur de ce ſoulévement quand il eſt déja diſſipé. Nouvelles fourberies de Sallier. Gens arrêtés dans les Cevennes & exécutés. Aſſemblée religieuſe ſurpriſe & écharpée. Deſcente des Alliés en Languedoc

N 5 *pour*

Les camisards en Vivarais : Première page du chap. XVI d'Antoine Court, éd. 1760 (coll. Max Chaleil).

dans un ravin peu accessible. Quant à M. de Vocance, il était châtelain de la Tour, près de Saint-Pierreville d'où il surveillait avec zèle les protestants, empêchait leurs assemblées et pour ses exactions était particulièrement haï. Le pasteur Henri Manen, dans *Une foi enracinée, La Pervenche*, après avoir rapporté le récit de Court, le commente ainsi : « Cet épisode est évidemment rapporté de manière assez différente dans l'historiographie catholique quant à ce qui touche la personnalité du sieur Vocance, mais les récits convergent sur le rôle du nommé Dubay. Ce fidèle protestant, dans cette période de folie tumultueuse, n'hésita pas à donner sa vie pour un de ceux qui, dans la perspective du temps, était un persécuteur et un ennemi de la vraie foi ».

Voici notre récit :

> Le mois de mai 1709, Abraham Mazel et Daniel Billard et le nommé Dupont firent un attroupement d'environ deux cents hommes. Ils commencèrent le jour de la foire de Pentecôte de Mézilhac ; ils attendirent Mr de Vocance, grand ennemi des protestants, au bois de Mézilhac où ils le tuèrent avec Mr Ducros du Bay qui fut bien regretté [17]. Incontinent cette troupe fut découverte. Mr de Courten, gouverneur du pays et colonel d'un régiment suisse, vint attaquer Abraham avec une armée de trois mille hommes au lieu de la Bâtie, paroisse d'Issamoulenc, et croyant de faire dudit Abraham à leur plaisir, ces Messieurs furent contraints de prendre la fuite et se sauvèrent dans la maison du Sieur du Bouchet. Et Abraham, venant de la poursuite du commandant, ils se jetèrent sur les Suisses et tuèrent Mr de Massilliant [18] et Mr de Mulle (Muller) commandant des Suisses ; et faisant grâce aux Suisses, ils en dépouillèrent quelques-uns.
> Pour une seconde fois ils attaquèrent Abraham à Leyrisse, proche de Boffres, où il se fit une forte bataille. De part et d'autre, après qu'Abraham eut tiré il fit plus de mal à coups de pierres que par les armes.
> La troisième et dernière fois Abraham fut attaqué à Font-Réal, paroisse de St-Jean-Chambre. Abraham fut contraint de prendre la fuite et fut fort battu, tant de la bourgeoisie de Chalencon que des troupes du Roi. Billard fut tué et Abraham se retira en Languedoc où il se fit tuer sur un couvert (un toit) qu'on le voulait prendre prisonnier ; mais il aima mieux se faire tuer que de se rendre.

---

17. En plus du récit de Samuel Mours, on peut lire le récit de ces événements dans G. Paysan, *Les Camisards du Vivarais*, 1981. Son récit utilise et complète celui d'A. Court. Voir aussi : Abbé René Chave : « *Saint-Pierreville au cœur* ». Imprimerie Lienhart et Cie 1990.

18. On lit dans le registre des curés de la paroisse du Gua, voisine d'Issamoulenc : « L'an 1709 et le 13e juin a été enterré à l'église du Gua noble Alexandre de Luxan, Sr de Massilian, seigneur de Baix, colonel des fusiliers, tué par les Camisards dans la paroisse d'Issamoulenc, voisine de celle du Gua ». Ont signé en particulier Dubois, prieur curé, Sauzet, prieur d'Issamoulenc. (Archives communales de Saint-Julien-du-Gua. Registres catholiques.)

Essayons maintenant d'envisager dans leur ensemble les diverses parties de ce récit relatif à la révolte des Camisards et à ses prolongements en Vivarais, bien qu'il ait été écrit en plusieurs épisodes, quatre sans doute, qui commencent chacun par une date, les événements des Cévennes, le contre-coup de 1704 en Vivarais et la fin de la guerre, la parenthèse du grand gel de 1709, la nouvelle tentative de Mazel et Billard.

Ce long récit est plein d'enseignements pour nous, non sur la guerre elle-même, mais sur l'écho qui en arrivait au Bouschet de Pranles, sur la rédaction même du Mémoire et sur la personnalité de l'auteur.

D'abord l'écho qu'Étienne Durand a recueilli de la guerre des Cévennes ; ce sont des épisodes caractéristiques qui frappent l'imagination plus que la guerre au jour le jour : le meurtre de l'abbé du Chaila, les tortures qu'il pratiquait, en particulier la « jarretière », les exploits de chefs illustres, le « brûlement » des villages cévenols, la légende des chemises échangées, une victoire retentissante dont le point essentiel est la capture par Cavalier du cheval du capitaine Poul, le comportement de Cavalier. Les précisions manquent, les dates ; le résumé de l'essentiel se trouve dans une phrase : « il se donna plusieurs batailles dans le Bas-Languedoc et les Cévennes ».

Au contraire les passages relatifs au Vivarais sont beaucoup plus complets et exacts. Et même la seule bataille citée pour la guerre au loin, Vagnas, concerne en fait déjà le Vivarais car il s'agit d'une première tentative d'y introduire la révolte. Il faut ajouter cependant qu'en 1704, d'autres villages que Franchassis eurent à souffrir près de Pranles, en particulier Maléon et les environs.

Toute cette partie du Mémoire jusqu'à la paix en Cévennes, qui a pris une assez grande ampleur, montre un chroniqueur qui sait organiser sa matière : la cause (le meurtre d'un ennemi particulièrement cruel) racontée en détail, les combats lointains, le contre-coup en Vivarais, la fin de la guerre dont les péripéties sont imparfaitement connues mais l'essentiel assez exactement.

Enfin Étienne, tout en signalant que l'abbé du Chaila agissait avec l'accord de Bâville, fait preuve de sa prudence habituelle puisqu'il ne signale que des faits connus des autorités et ne donne que des noms qui ne trahissent personne. Une perquisition dans ses papiers était toujours à redouter. Il ne dit pas davantage qu'il a été lui-même victime de ces luttes avec plusieurs parents ou amis. Certes il n'y a pas participé directement mais on soupçonnait bien que des réunions se tenaient « dans sa cave » ou plutôt vraisemblablement dans celle que Claudine avait héritée de ses parents, plus écartée, plus discrète. Une lettre du commandant des troupes Jullien au

Le château de la Tour, demeure de M. de Vocance, persécuteur des protestants.

Ravin de Mounet.

ministre Chamillard, datée de Saint-Péray le 21 juin 1704, a été découverte au ministère de la guerre et publiée par le pasteur Ch. Bost dans le *Bulletin S.H.P.F.* d'avril-juin 1934 [19]. Les troupes n'étaient pas toutes parties ; il a fallu chercher plusieurs mois après le massacre de Franchassis ; il faut croire que les délateurs font défaut dans les parages ; plus tard on en trouvera, mais toujours loin, des traîtres stipendiés, avides de la prime ou tout simplement des malheureux menacés et apeurés ; mais ici, rien. Tout à coup Jullien informe le ministre qu'il a quand même arrêté des « gens propres à infecter le pays et à faire prendre un mauvais parti au peuple ». On doit conduire ces gens à St-Péray puis au Saint-Esprit où le maréchal de Villars ordonnera ce qu'il jugera à propos.

Il y a parmi eux le sieur Étienne du Rand, que sa place dans l'énumération et la considération qu'on lui manifeste en écrivant son nom en deux mots désignent comme le chef ; Marguerite et André Bévengut, les amis de toujours, ceux qui se sont dévoués pour accompagner Pierre au baptême, l'une comme marraine de remplacement, l'autre comme témoin ; Antoinette Boisviel, leur mère et « qui se mêle de prêcher », qu'on retrouvera plus tard, toujours fidèle ; Jeanne Bernard qui porte le nom de l'épouse de David, frère de Claudine ; Jeanne Terrasse, mère de la précédente (que de femmes dans tout ce monde !) ; Isaac Pagès, époux de Marie Gamonnet, encore une parente de Claudine. C'est l'entourage des Durand qui est soupçonné et visé, ce qui prouve une activité discrète mais efficace, et une pratique collective de la religion.

Les poursuites ne furent sans doute pas de longue durée ; griefs trop minces ? Interventions efficaces ? E. Durand semble avoir été dès cette époque, et même avant, un personnage respecté. Exerce-t-il déjà ses fonctions d'expert-foncier ? Nous reviendrons sur cette question ; mais il a fallu vraisemblablement l'épisode violent de 1704 pour que les autorités alertées veuillent mettre fin à une pratique religieuse tacitement tolérée dans le quartier. Les prêtres de Pranles, à cette époque, s'appelaient Aygon et Augier ; ces hommes ont vraisemblablement montré de la compréhension.

La réserve et la prudence du narrateur apparaissent encore à divers signes ; comme toujours, il parle respectueusement de Mr l'abbé du Chaila, Mr de Bâville, Mr de Villars (qu'il appelle Duvillard), Mr de Jullien, et garde ses distances avec les nommés Roland, Castanet et Rastelet ; il apprécie l'initiative du Maréchal : « Mr de Villars, voyant que cette guerre était mauvaise... » ; il ne dit pas que Ducros du Bay « qui fut bien regretté » était protestant. On le sent

19. *Bulletin S.H.P.F.*, LXXXIII, p. 290 et suiv.

affecté par les excès de violence d'où qu'ils viennent tant de la part des tortionnaires de la jarretière que de ceux « qui égorgèrent et mirent en pièces taillées » l'entourage de l'abbé du Chaila.

Pourtant, tout en désapprouvant au fond de lui-même une tentative presque désespérée, tout comme « la bourgeoisie de Chalancon », il ne peut maîtriser quelques mouvements de satisfaction à constater qu'il a fallu des troupes considérables pour venir à bout d'une « émotion secrète de trois cents hommes » ou d'un « attroupement de deux cents ». De même, « à Anduze Mr de Montrevel ne fut point le plus fort » ; « pour son maléfice, Jullien ne jouit pas longtemps de sa charge, que Dieu l'appela pour rendre ses comptes » (en fait Jullien nommé lieutenant-général mourut seulement en 1711) ; même au cours des événements de 1709, à la Bâtie, « Courten croyait faire d'Abraham Mazel à son plaisir, mais ces Messieurs furent contraints de prendre la fuite ». Un dernier mot d'admiration enfin, pour Mazel, qu'il n'approuvait pourtant pas, lorsqu'il conclut : « il aima mieux se faire tuer que de se rendre ».

Pour terminer sur ce point, on voit bien qu'Étienne Durand ne devait pas être loin de partager l'opinion de Corteiz qui avait désapprouvé l'insurrection et qui parle d'Abraham Mazel comme d'un « soi-disant prophète » et regrette que des violences inutiles aient découragé et poussé à l'exil le jeune proposant Ebruy « qui faisait des progrès admirables lorsque ces fanatiques arrivèrent en Vivarais ». D'après Antoine Court, Ebruy les aurait assurés « qu'ils ne réussiraient pas ; qu'ils ne sauraient subsister dans le pays faute de vivres, et qu'ils trouveraient peu de personnes qui voulussent les suivre et entrer dans leurs vues », à la suite de quoi, « ces raisons ou quelques autres leur firent prendre le chemin des Cévennes, mais en traversant Vals, ils y trouvèrent Justet... ».

Cet épisode fut important dans la vie des Durand mais pas encore trop grave ; la vie de famille put continuer. De nouveaux enfants naquirent ; et, à cette occasion, il est possible de préciser un peu plus le comportement des nouveaux convertis du Bouschet à l'égard du baptême de leurs enfants, grâce aux Registres des curés de Pranles conservés à la mairie de Pranles.

« L'an 1703 Jeanne Durand, fille naturelle et légitime d'Estienne Durand et Marie Gamonnet est née le 24e Xbre et a été baptisée le 30. Son parrain a été Pierre Faye et sa marraine Pricille Astier. Aygon prêtre ».

La mère est prénommée Marie ; pourtant l'acte de décès du même enfant, le 27 juin 1706 indique clairement qu'il s'agissait bien d'une fille d'Étienne et Claudine, que son vrai parrain était Jacques Durand et non Pierre Faye qui n'est pas connu, un parent ou un ami des

Durand ; David Gamonnet est aussi témoin. De plus l'acte de baptême, tardif par rapport à la date de la naissance, semble avoir en outre été inséré après-coup dans un vide insuffisant du papier.

Le 4 mars 1708, baptême d'Étienne, fils d'Étienne et Claudine, né le 28 février. Le parrain est Pierre Durand marchand drapier à Villeneuve et la marraine Anne Grel de Chomérac (on se souvient que Grel est un oncle de Claudine). Cette fois le baptême semble avoir été tout à fait régulier, bien qu'un peu retardé. L'enfant ne vécut pas longtemps.

Chez les David Gamonnet, Jeanne naît le 23 février 1704 et n'est baptisée que le 9 mars. Parrain : Jean Champeyrache, ce qui est le surnom d'un Bévengut. – Ensuite, Jean, né en 1709 sans autre précision, avec comme parrain Pierre Durand et comme marraine une Féougier qui remplace Jeanne Durand (future épouse de René et belle-sœur d'Étienne et Claudine), le tout d'une écriture peu lisible, abrégée, et sur une page presque vide. – Madeleine Gamonet, fille de David et Jeanne Bernard a été enterrée le 5 mars 1710... Présent : « Étienne Durand soussigné » (il n'a pas signé). Chambon curé. Et le prêtre ajoute : « il n'y a que quelques mois qu'autre Madeleine Gamonet, sœur de la susd. mornée, fut enterrée par Mr le prieur de Pranles en mon absence ».

Même en dehors du cercle des Durand, on constate des anomalies comme le baptême à cinq mois d'un enfant d'Airebonne (19 janvier 1706) ; le 22 septembre 1708 le baptême de Claudette Pizette âgée de cinq ans (Pizette était le nom de la mère d'Isabeau de Cros).

Tous ces retards, ces hésitations, ces substitutions de parrains et de marraines permettent de conclure à de grands scrupules des nouveaux convertis ; cependant l'acceptation semble devenir plus aisée à partir de 1706-1708. On verra les Durand eux-mêmes devenir parrains, même Pierre, « fils à Étienne », précise-t-on comme pour donner plus de poids à ce parrainage, le 3 novembre 1708 (il est encore « illitéré »), et le 25 janvier 1709 au baptême de Jeanne-Marie Pagès (une parente).

Après le long épisode des troubles, une nouvelle naissance eut lieu au foyer d'Étienne et Claudine :

« Le 15e Juillet 1711 est née et a été baptisée le 17e desdits mois et an Marie Durand fille légitime à Étienne et Claudine Gamonnet, du lieu du Bouschet. Son parrain a été Pierre Durand, frère de ladite Marie ; sa marraine Marie Durand du Reboul ». Durand. P. Volle curé.

Elle était donc née en 1711, ce qui explique de façon bien plus satisfaisante que la date traditionnelle de 1715, son rôle de marraine en 1721, son mariage en 1730, et son ascendant à la Tour très tôt après son arrestation, et en tout cas avant 1738, d'abord parmi les prisonnières vivaroises ; on s'explique mieux aussi qu'elle ait pu acquérir une formation solide, au contact de ses parents, de son frère et des Durand en général. Une signature Durand figure au bas du document ; ce n'est pas celle d'Étienne, seuls les parrains et marraines signaient éventuellement ; ce n'est pas celle de Pierre, le parrain, âgé de onze ans, car l'année suivante le même Pierre, parrain de son cousin Jean Durand, fils de René et Jeanne, ne signe pas, alors que dès 1715, on verra apparaître sa signature déjà très notariale. C'est donc celle de la marraine Marie Durand du Reboul. On voit depuis longtemps la signature de tous les hommes de la famille au bas des contrats ; voici apparaître celle d'une femme.

Mais pourquoi donc, en 1766, à la Tour, Marie a-t-elle dit à deux reprises qu'elle avait cinquante ans, précisant même « et demi » à la fin de l'année ce qui confirmait à peu près l'âge qu'on lui donnait dans d'autres circonstances, mais pas toutes ? Faut-il croire que comme beaucoup d'autres personnes de son temps elle ignorait son âge ? Cela paraît bien improbable ; même son vieux père connaissait son âge en 1730 et, à Brescou, ne se trompait que d'un an ou deux. Alors ? Il y a peut-être un élément de réponse, mais sans doute insuffisant, dans une lettre qu'elle écrivait au pasteur Rabaut le 26 août 1764 :

> « Il y a quelques jours, dit-elle, qu'une personne nous dit que notre liberté de conscience était donnée, et qu'en conséquence nous aurions la nôtre, pourvu que personne ne s'y opposât, mais qu'il se pourrait qu'on représentât que la plus grande partie de nous étions fort âgées, et qu'en conséquence on nous retiendrait. Cette personne n'a pas sorti cette raison d'elle-même, il la tient d'un dont ils sont trop v... (?), et c'est uniquement l'intérêt qui porte à nous nuire, et qu'il l'a toujours fait. Il y a quelque apparence, puisque, lors de la nouvelle si publique de notre liberté, on se hâta de se rendre à la source de nos maux, ce qu'on fit encore le jour avant que j'apprisse d'agir contre notre âge. »

On voit que Marie soupçonne des interventions malveillantes pour retarder la liberté des prisonnières sous des prétextes divers, en particulier leur âge avancé.

La période qui suit l'alerte de 1709 et l'arrestation en Vivarais des gens qui avaient soutenu les Camisards ne fut pas trop mauvaise pour les nouveaux convertis. Un peu avant, le prédicateur Ebruy, de Désaignes, pouvait écrire : « Nous faisions en plein jour des assemblées de deux, trois, quatre cents personnes... Nos ennemis n'ignoraient pas nos assemblées ». La guerre de la succession d'Espagne se prolonge jusqu'en 1713 ; puis c'est la fin du règne de Louis XIV et la vieillesse de l'intendant Bâville. Les petites réunions ont sans doute continué, mais on a pris son parti du passage à l'église pour les mariages et les baptêmes ; en compensation l'obligation de l'assistance à la messe s'est un peu atténuée. Étienne Durand semble plein d'un espoir sans doute excessif qu'il exprime ainsi :

> L'année 1715 le roi a donné une déclaration de ne forcer plus les protestants d'aller à la messe, il leur permit de prier Dieu dans leurs maisons, de chanter les psaumes et de lire l'Écriture Sainte, chacun dans sa maison, sur la défense de ne faire point d'assemblée.

En fait la déclaration du 8 mars 1715 considérait qu'il n'y avait plus de protestants.

La mort du roi fit naître de nouvelles espérances fondées sur l'idée que le régent, fils d'Henriette d'Angleterre mènerait une politique d'entente avec les Anglais. On lit souvent la signature d'Étienne Durand comme témoin, quelquefois en même temps que celle de Pierre parrain, dans les actes de mariage ou de baptême à l'église de Pranles : le 20 novembre 1716, mariage entre Jean Moulin et Claudine Laurenson, « en présence du Sr Durand expert » ; le 5 décembre suivant, entre Jacques Besson et Louise Battud, « en présence du Sr Étienne Durand expert ». Celui-ci est un homme important dans sa paroisse ; il est « expert », même aux yeux du curé. Est-ce à ce titre qu'il a souvent affaire au chef-lieu de paroisse ? Le rôle des experts était d'évaluer les biens fonciers, dans les ventes, les successions ; ils avaient grande connaissance du compoix, de la valeur de la terre ; ils étaient les auxiliaires des notaires.

Est-il aussi greffier consulaire ? Des listes de prisonnières dressées par Marie lui attribuent cette charge. Toujours est-il que le 6 mars 1718, une délibération des habitants de la paroisse de Pranles, parcelle du mandement de Montagut, le charge « à l'issue de la grand-messe, par-devant nous Jacques Boursarie, notaire royal, messieurs les magistrats absents », d'une vérification « de l'allivrement du compoix et livrette » (Archives P. Viougeas). Nous avons ici un échantillon de la belle écriture du « cousin Boursarie » dont, malheureusement, les minutes ne sont pas arrivées aux archives du département de l'Ardèche. Le texte énumère les propriétaires présents, Ranc, Detaix, Sentenac, Vézian, la Valette, Lafont, Garays, Bouschet, Lacour, Boissier, Detaix, Sibleyras, Vabres « et autres faisant la plus grande et meilleure partie des habitants de la paroisse ». « Maître Étienne Durand, expert de ladite paroisse » est chargé de revoir l'allivrement, c'est-à-dire la répartition de l'impôt foncier, de mettre à jour les mutations, de réparer les fautes et erreurs « tant en général qu'en particulier en raison de la succession des temps ou de la négligence des précédents responsables ; la vérification sera faite tant sur le compoix terrier que sur la livrette, et un extrait sommaire sera pris pour qu'on puisse savoir les tenants des fonds compéciés et que sur chaque pièce on puisse annoter le nom de chacun »... La rémunération de l'expert sera de quarante livres, toutefois sous le bon plaisir de Monsieur l'Intendant. Sept propriétaires, parmi lesquels Giffon le consul, ont signé avec Étienne Durand qui est, à la pleine évidence, respecté autant des catholiques que des protestants. (La paroisse de Pranles ressortissait au mandement de Montagut, mais aussi de Privas et de Durfort).

Qui pourrait bien être le responsable des négligences dans la tenue du compoix et de la livrette sinon quelque ancien greffier consulaire ? Et ne serait-ce pas à partir de ce moment que l'expert, après avoir accompli correctement cette tâche de confiance, serait lui-même devenu greffier ?

Et c'est pourtant à ce moment-là que, pour la famille Durand, va éclater le coup de tonnerre. Claudine Vabre, nièce d'Étienne, est marraine le 15 mars 1718 ; on bénit la cloche de Pranles le 10 août ; le 28 novembre la même Claudine se marie avec Gédéon Astruc ; leur premier enfant Jean aura pour parrain Étienne Durand ; mais, un indice peut-être, cet enfant naît moins de trois mois après le mariage ; ses parents ont-ils déjà mérité l'épithète infamante « religionnaires et concubinaires » avant de se mettre en règle pour préparer le baptême ? Ont-ils hésité à faire bénir leur mariage ? Quelque chose est-il en train de changer ?

C'est que dès 1716 une déclaration royale détrompe les nouveaux convertis des « idées chimériques que des esprits malintentionnés leur ont suggérées », elle informe les populations que les textes répressifs sont en vigueur [20]. C'est aussi que vers la fin de l'année 1718, alors que les prédicants se font rares et que le prophétisme a perdu de sa spiritualité, Corteiz est passé par le Vivarais, apportant le message des Églises du Languedoc et d'Antoine Court. Cela s'est su : « J'assemblai, dit-il dans ses *Mémoires*, les prédicateurs du Vivarais pour leur représenter la nécessité d'un ordre pour éviter les confusions et les désordres qui étaient arrivés parfois parmi eux. »

C'est que, aussi, toute une jeunesse a grandi et mûri parmi les familles déjà nommées, mais d'autres aussi, des Vabres, des Astruc à Pleineselve, et parmi tout un réseau de parenté ou de connaissances vers Creysseilles, Villeneuve, Chomérac, Ajoux et les autres paroisses environnantes ; à Craux chez les Rouvier, à Gamarre, au Constant chez les Garnier, à Saint-Michel ; chez tant d'autres que nous ne connaissons guère ou pas du tout. Si on se souvient que Brousson, en 1697, lors de son séjour en Vivarais, s'arrêta à

20. Sur ce sujet voir G. E. de Falguerolles, B. SHPF. 1968, p. 180.

Église de Pranles.

Chapiteau droit.

Signatures réunies d'Étienne et de Pierre dans le registre des curés de Pranles.

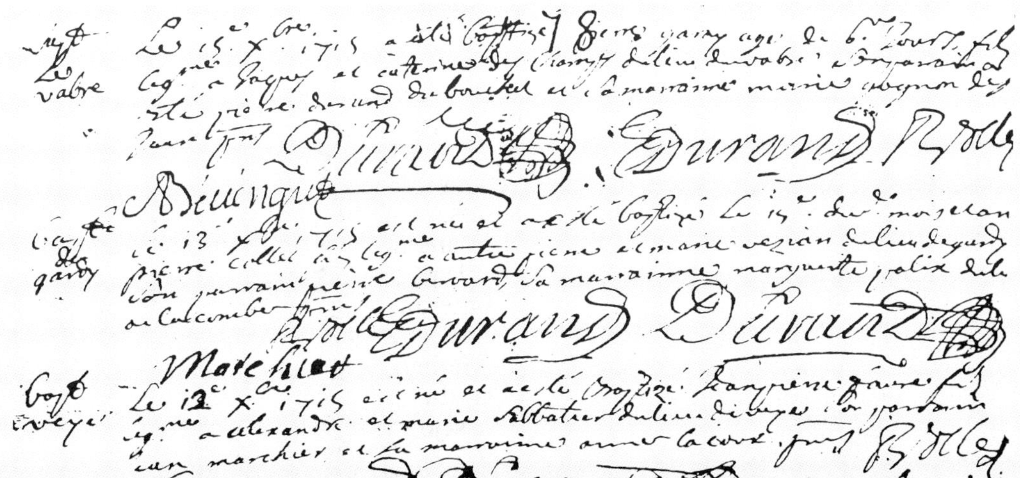
Le 15e Xbre 1715 a été baptizé pierre ...

Durand Durand Rolle

Le 13e Xbre 1715 ...

Durand Durand

Marchier

Le 13e Xbre 1715 ...

Durand Durand Marchier

Blod, paroisse de Saint-Georges, chez Pierre Fialais qui sera ensuite arrêté, et qu'en 1735 un autre Fialais, fils du précédent, François, du même Saint-Georges, époux d'Isabeau Menet, sera condamné aux galères où il mourra, pour cause d'assemblée ; si on se souvient que Garnier du Constant, père de Claire et Isabeau qui seront arrêtées en même temps que Pierre Rouvier, a déjà eu une fois sa maison brûlée pour cause d'assemblée, on voit bien qu'il y a eu, un peu partout dans cette province, des familles dont la fidélité ne s'est jamais démentie. Les jalons des futures tournées du pasteur étaient déjà posés.

Toute cette jeunesse souffre du carcan qui lui est imposé. Les plus anciens ont abjuré, mais acceptera-t-on encore ? Plus d'un dit, sans doute, comme Pierre Rouvier, que si son grand-père a abjuré, il ne l'a pas fait pour son petit-fils.

Et puis, au Bouschet de Pranles, il y a Pierre Durand, dont on ne voit plus la signature dans le registre du curé de Pranles ; qui a pris contact avec le pasteur Roger, de l'autre côté du Rhône ; qui a entendu parler des synodes qu'on tient en Languedoc et en Dauphiné ; qui s'est familiarisé avec les idées que Brousson développait dans ses lettres pastorales écrites de Normandie et dans les réunions qu'il présidait et dès 1690 (témoignage d'Anne Baudouin rapporté par Ch. Bost). Or qu'avait dit l'avocat devenu pasteur ? Il disait que la piété seule du peuple pouvait toucher la miséricorde de Dieu, qu'il fallait donc continuer à l'invoquer, comme les premiers chrétiens dans les cavernes et les déserts ; il fallait refuser les baptêmes et les mariages à l'église romaine. Les assemblées étaient donc nécessaires ; il fallait établir des anciens et des diacres, réunir les chefs de familles pour choisir ceux qui seraient propres à veiller sur la conduite de leurs frères et secourir les pauvres, présider les assemblées et administrer les sacrements, même sans avoir reçu l'imposition des mains, « lorsque leur ministère est accompagné d'une vie pure et sans reproche, que le peuple en est édifié, qu'il l'approuve et qu'il y consent ». Il s'était étonné auprès de Mathieu Duny, prédicant qui l'accompagnait en Vivarais que ni lui, ni ses compagnons « ne s'étudiassent à donner la Cène ». C'est en répandant ces idées et en essayant de les mettre en pratique qu'il avait trouvé le martyre.

Voici comment Pierre Durand décrivait la situation dans la fougue de ses dix-neuf ans :

> « Aurons-nous le cœur de voir ceux qui autrefois étaient de nos instructeurs présentement adonnés à une idolâtrie extrême, et nos Anciens être venus nos plus horribles persécuteurs ? Aurez-vous le courage, enfants qui vous cachez de vos pères, pour venir chercher

instruction en la foi ; pères qui vous cachez de vos familles ; femmes qui vous cachez de vos maris ; domestiques qui vous cachez à vos maîtres ? En un mot, tous fidèles qui composez cet auditoire malgré la rage de l'Antéchrist, aurez-vous si peu de charité pour vos prochains de ne pas pleurer ces Absalons qui persécutent la paix et la société de la nation d'Israël ? Allons, allons voir, fidèles, allons voir nos compatriotes aux pieds d'un autel qu'ils croient idolâtre pour conserver leur maudit bien aux dépens de leur âme ; allons voir aussi nos pasteurs et anciens adonnés à l'idolâtrie et apostats dans le suprême degré ; et ceux qui ont voulu être fermes en la piété dépossédés de leurs pays, errant à la face de la terre et habitants d'un pays étranger ; et nous qui sommes ici, croupissant entre les pattes des loups ravissants et satellites de la Bête, où est la foi qui nous justifie ? Hélas, tremblons tous sur les menaces de notre Dieu qui nous doit accabler de sa juste vengeance, et pensons au compte de nos actions : « Je leur en demanderai compte » [21].

Le coup de tonnerre éclata à la fin du mois de janvier 1719. Une semaine après la réunion de caractère prophétique où l'on entendit surtout la veuve Caton, Pierre Durand et Pierre Rouvier organisent, au même endroit la réunion bien connue de la Combe de Navalet, ainsi rapportée par le Mémoire :

Le mois de février 1719 [22] le Sieur Dumolard, subdélégué de Mr l'Intendant, donna cinquante écus au nommé Souche, de Marcols, pour faire une assemblée dans la paroisse de Pranles, au terroir de Navalez ; et sur le midi avait ramassé sept personnes dans un petit membre de nous [23], Étienne Durand, au Bouschet. Et sur la minuit ledit Dumolard, avec cinq compagnies de soldats, vint se jeter sur cette assemblée, mais il ne put prendre que trois filles, desquelles il y en avait une qu'elle n'avait que dix ans, qui fut relâchée, et les autres conduites au Saint-Esprit. Ensuite il fit prendre le Sieur Rouvier [24] de Craux, Jacques Combe, du Bouschet, et Pierre Decros, du Serret, qu'il fit conduire aux galères perpétuelles, et mit un détachement de dix-sept soldats au lieu du Bouschet en pure perte [25] pendant vingt et un jours, desquels j'en avais sept. Et lorsqu'ils délogèrent ils démolirent ma maison et se saisirent de mes bestiaux et meubles. Depuis ce jour-là Pierre Durand, mon fils, a été absent.

21. Sermon sur la promesse du Messie. 1719. Musée du Vivarais Protestant.
22. Le 29 janvier. Voir Archives de l'Hérault Dossier C. 195.
23. Cette phrase signifie assez clairement que la petite réunion a été voulue et assemblée par Souche. Le « petit membre » est la partie de maison que Claudine a reçue de l'héritage de son père.
24. Jacques Rouvier, père de Pierre a donc été arrêté lui aussi. Il mourut quelques semaines plus tard.
25. Sans aucun dédommagement. On connaît des récits de dragonnades plus détaillés ; Étienne Durand est très sobre dans son laconisme !

Ces événements sont trop connus pour qu'on puisse s'y arrêter une fois encore. Et pourtant il semble bien qu'à ce moment le protestantisme vivarois soit en train de prendre un tournant d'une importance capitale. Les deux Pierre (Durand et Rouvier) sont-ils seulement tombés dans le piège tendu par Souche, ou bien, de toute façon, le moment était-il arrivé où ils allaient essayer de répondre à une attente qu'ils ressentaient et manifester leur volonté d'agir ? Cette deuxième réunion à la Combe de Navalet, après celle du dimanche précédent qui avait dû faire du bruit ne marque-t-elle pas la volonté affirmée de substituer à l'inspiration et à l'improvisation une étude méthodique et approfondie de la parole de Dieu ? La réunion se termine mal, mais la suite des événements montre dans quelle démarche elle s'inscrivait ; la suite, ce sont les études de théologie, la volonté d'apaiser les excès des prophétesses, de réorganiser le travail des prédicants et toute cette activité pastorale entreprise dès le retour en Vivarais. Les racines profondes de tout ce renouveau qui se prépare se trouvent dans l'activité tenace d'Étienne et Claudine, de ceux qu'ils entraînaient avec eux, et d'autres qui leur ressemblaient à travers les villages du Vivarais ; mais le point de départ visible, c'est la réunion de 1719 et ses dramatiques conséquences.

Dramatiques pour plusieurs familles, mais surtout pour les Durand. « Depuis ce jour-là, Pierre Durand, mon fils a été absent ». Poignante constatation dans sa brièveté ; mesure de prudence peut-être aussi, une fois de plus, pour le cas où on viendrait chercher Pierre dans la maison paternelle et tout à fait conforme à l'attitude que le père va adopter jusqu'à sa propre arrestation.

Et Claudine ? Absente elle aussi quelque temps après ? On ne sait pas quel fut le sort des deux femmes arrêtées dont parle Étienne Durand ; elles s'appelaient Isabeau Chanéac, du Coin, et Marie Suchet, de Léouzet. Leur destination fut-elle la Louisiane comme on l'envisagea un peu plus tard pour les filles Garnier, sans qu'on sache si elles y ont été déportées. Pierre Decros, du Serret de Pranles, et Jacques Combe, un très proche voisin de la maison de Claudine au Bouschet, furent envoyés aux galères Le sieur Rouvier, libéré, ne tarda pas à mourir. Étienne ne parle pas de l'arrestation de sa femme, pas plus qu'il n'a parlé de la sienne en 1704 ; elle fut pourtant inculpée elle aussi et devait être mise à la disposition de la justice à Montpellier. Pourquoi Claudine ? Sans doute était-elle de ceux qui étaient de nature à infecter le peuple, et son effacement cachait-il une action tranquille et efficace ; et puis c'est sa maison qui abritait les réunions ; enfin peut-être s'agissait-il d'une première forme d'intimidation destinée à Pierre qui avait disparu. On peut noter cependant que la lettre de Pierre, datée du « désert du Dauphiné »

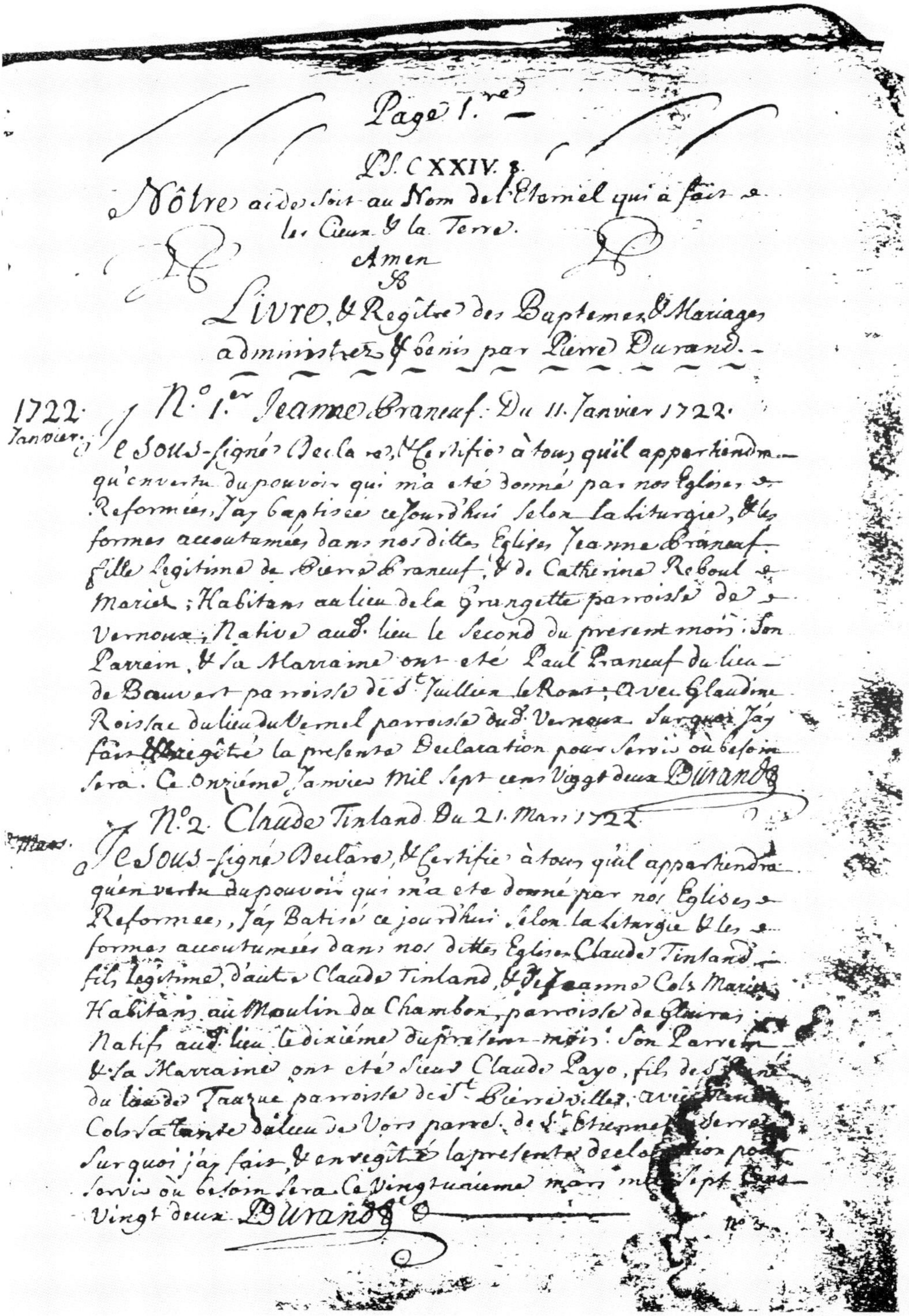
Page 1.re

PS. CXXIV. 8

Nôtre aide soit au Nom de l'Eternel qui a fait les Cieux & la Terre.

Amen

Livre, & Regitre des Baptemes & Mariages administrez & benis par Pierre Durand.

1722. Janvier. N° 1er Jeanne Braneuf. Du 11. Janvier 1722.

Je Sous-signé Declare, & Certifie à tous qu'il appartiendra qu'en vertu du pouvoir qui m'a eté donné par nos Eglises Reformées, J'ay baptisée cejourd'hui selon la liturgie, & les formes accoutumées dans nos dittes Eglises Jeanne Braneuf fille legitime de Pierre Braneuf, & de Catherine Reboul mariés; Habitans au lieu de la Grangette parroisse de Vernoux, Native aud. lieu le second du present mois. Son Parrein, & sa Marraine ont eté Paul Braneuf du lieu de Bauvert parroisse de St Jullien le Roux; avec Claudine Roistac du lieu du Vernel parroisse dud. Vernoux. Surquoi j'ay fait & regitré la presente Declaration pour servir où besoin sera. Ce Onzième Janvier Mil sept cens Vingt deux. P. Durand.

N° 2. Claude Tinland. Du 21. Mars 1722.

Mars. Je Sous-signé Declare, & Certifie à tous qu'il appartiendra qu'en vertu du pouvoir qui m'a eté donné par nos Eglises Reformées, J'ay Batisé ce jourd'hui selon la liturgie & les formes accoutumées dans nos dittes Eglises Claude Tinland fils legitime d'autre Claude Tinland, & de Jeanne Cols Mariés Habitans au Moulin de Chambon parroisse de Gluiras Natif aud. lieu le dixième du present mois. Son Parrein & sa Marraine ont eté Sieur Claude Payo, fils de S[illegible] du lieu de Trazue parroisse de St Pierreville, avec [illegible] Cols sa tante du lieu de Vors parr. de St Etienne de Serre. Surquoi j'ay fait, & enregitré la presente declaration pour servir où besoin sera. Ce Vingtunième mars mil sept cens Vingt deux. P. Durand.

N° 3.

Première page du registre de Pierre Durand.

le 28e juillet 1719, est adressée à « ses » parents. On a pu se demander si Claudine ne serait pas revenue au Bouschet. Dans ce cas son nom serait vraisemblablement inscrit dans le registre de la paroisse de Pranles lors de son décès. Le premier exemple de décès « hors de l'Église » date de 1727, mais, même ces cas ont été notés par le curé. D'autres paroisses ont inscrit de tels décès beaucoup plus tôt, par exemple à Pourchères en 1706 (Jeanne Téoulle) et 1707 (Paul Téoulle). A la fin de 1726 lors du contrat de mariage « sous sceing privé » de Pierre et Anne Rouvier, la famille savait que Claudine était décédée. Mais son nom ne figure pas dans le registre.

III

Le temps de la fidélité ouverte

Alors, désormais seul avec la jeune Marie, âgée de sept ans et demi lors de l'assemblée de Navalet, le vieux lutteur devait mesurer la vanité de ses espoirs des dernières années ; certes Pranles n'avait pas trahi, mais on avait quand même trouvé un traître, pour cinquante écus. Et voici que Pierre augmentait son audace et avait définitivement pris sa décision, comme en faisait foi la lettre « du proposant à ses parents », écrite plus vraisemblablement en Suisse que « au désert du Dauphiné », mais peut-être apportée jusque-là par Rouvier qui rentra en France à ce moment : La Divine Bonté « a voulu que j'embrassasse la profession de ministre, voulant que je fusse aussi du nombre de tant de pauvres persécutés fugitifs devant la traque du lion altéré du sang des enfants de Dieu ». Je vous demande « que vous adressiez vos prières à Dieu afin que je puisse recevoir l'assistance de son Saint-Esprit pour fortifier ma mémoire et que mes études et éducations soient à la gloire de son grand nom et au bien de son Église ».

Alors les journées durent être longues. Étienne en employa peut-être une partie à lire les livres qu'il possédait et qu'on devait lui saisir quelques années plus tard ; certainement il se consacra à l'instruction de sa fillette comme il était de tradition chez les Durand. Sans doute aussi s'appliqua-t-il à reconstituer un petit cheptel puisque son bétail avait été volé et détruit par les soldats. Mais l'âge était venu et l'enfant était jeune ; les impôts, les censes et toutes sortes de redevances, les amendes personnelles ou collectives qui accablaient les protestants opiniâtres, les privaient de ressources. Il devait encore payer une grande partie des cent soixante livres dues à sa sœur Marie depuis son mariage avec Jean Vabre, au point que l'aîné des enfants, Jean, et Étienne se présentèrent devant le notaire Darnaud pour signer un acte dans lequel l'oncle se reconnaît débiteur de cent livres pour capital et de vingt livres pour arrérages d'intérêts, le 27 novembre 1723. Il devait d'autres sommes à divers créanciers comme il le dit lui-même, et puisque Pierre Astruc affirmera avoir versé neuf cent soixante-neuf livres douze sols à l'acquit des Durand pendant la détention d'Étienne et de Marie. Or, pour acheter seulement une vache, il fallait 30 à 35 livres.

Le Mémoire semble délaissé ; son auteur ne dit rien entre 1720 et 1722 de « la peste espouvantable » que le curé de Saint-Péray n'a pas oublié de mentionner. Et pourtant il se remettra à noter quelques événements ; la déclaration de 1724, qui reprend et aggrave les mesures antérieures, d'ailleurs pleines d'incohérences, ne sera pas de durée éphémère comme il l'a cru. Et le Mémoire se termine par l'histoire des loups où l'on voit que le récit daté, au début des paragraphes, de 1727 puis d'avril 1728, a, en fait, été écrit après le 7 août.

D'autres loups étaient à l'affût, eux aussi.

Le 14 mai 1724, le Roi a donné une déclaration et permis de forcer les protestants, et que ceux qui viendraient à mourir sans confesser et communier que leur corps serait jeté à la vorée (à l'abandon) et leurs biens confisqués. Mais cette affaire ne dura pas huit jours que ce malheur fut révoqué.

L'année 1727, à l'entour de la Ville du Puy, les loups garous ont tué ou mangé plus de cinquante personnes et la plus grande partie a été de jeunes enfants.

Le 7e janvier 1728 on a entendu de grands tonnerres et éclairs en forme de coups de canon.

Les 27 et 28 avril 1728 un loup a blessé dans moins de 24 heures vingt-six personnes, presque toutes à mort, en la paroisse de Pranles, au quartier de Montagut ; et deux jeunes garçons âgés de quinze ans l'ont tué, que l'un avait saisi le loup par l'oreille et une jambe, et l'autre l'a tué à coups de hache. Celui qui le saisit avait été blessé à une main et n'a vécu que deux mois depuis ledit jour. Jusqu'au 7e du mois d'août en est mort de cette blessure le nombre de quatorze, quoiqu'ils fussent été guéris de leurs plaies.

Quelques jours après la mort de cette bête l'on a vu dans ladite paroisse un autre loup, pendant trois semaines, qui suivait les gens, les bergers et bergères, mais il ne faisait point de mal ni à gens ni à bêtes.

Ici se présente le « Ne varietur » suivi des signatures d'Étienne Durand et de Rosset subdélégué [1].
Le Mémoire porte encore l'indication suivante : « Trouvé dans une visite qui a été faite le 18 Septbre 1728 dans la maison du nommé Durand, père du ministre, au lieu du Bouchet, paroisse de Pranles en Vivarais. »

Le vieillard a-t-il reçu quelquefois la visite de son fils absorbé par son ministère et contraint d'être constamment sur ses gardes ? Rarement si on en croit les affirmations tant de l'un que de l'autre. Peut-être se sont-ils rencontrés plus souvent hors de la maison paternelle. Le courrier de Pierre arrivait à Craux, ou à Vernoux, mais aussi au Bouschet, donc il y avait des relations entre le père et le fils. Les soucis ne devaient pas manquer au vieillard : la hardiesse du ministre, sa consécration en 1726, son mariage l'année suivante, la situation dramatique de sa belle-fille et des enfants, obligés de se cacher eux aussi. En décembre 1726 il signe avec Isabeau Sautel, mère d'Anne, le contrat privé de leurs enfants. Ils promettent « de ne permettre pas, autant que possible leur sera, que leurs autres enfants fassent aucun tort auxdits fiancés sur les biens qui, au cours de nature, leur appartiennent de droit », c'est-à-dire contrairement aux lois qui risquaient de les en priver.

Connut-il la joie de voir et de prendre dans ses bras sa première petite-fille Jeanne qui naquit le 27 août 1728, avant Anne le 15 août 1729 et Jacques-Étienne le 28 juillet 1730 ? Seule la deuxième survécut, mais de Genève elle ne rentra en France que longtemps après le décès d'Étienne.

Pierre Durand gênait de plus en plus, surtout à cause des mariages qui se multipliaient, diminuant le casuel de certains curés, et qui contribuaient au rétablissement d'une organisation religieuse protestante et au désordre de l'état-civil. Le 12 octobre 1728, le cardinal Fleury donne à La Devèze, commandant des troupes en Vivarais, l'ordre de s'emparer du pasteur. On croyait, tout au moins, pouvoir contraindre le fils à l'exil en menaçant le père. Celui-ci échappa à une première perquisition le 18 septembre 1728. On ne le trouva pas mais on emporta ses livres et son mémoire. Grâce aux documents conservés aux Archives de l'Hérault [2], il est possible de connaître le détail des poursuites contre Étienne qui, on le verra, allaient de pair avec les tentatives d'arrêter son fils, ce qui était le but essentiel, comme le laisse entendre déjà la mention portée à la fin du Mémoire d'Étienne : « père du ministre ».

---

1. Jacques Rosset, conseiller au Présidial de Montpellier, subdélégué à l'Intendance, qui mena aussi l'instruction du procès contre Pierre Durand.
2. Archives de l'Hérault : dossiers C. 199 et C. 201.

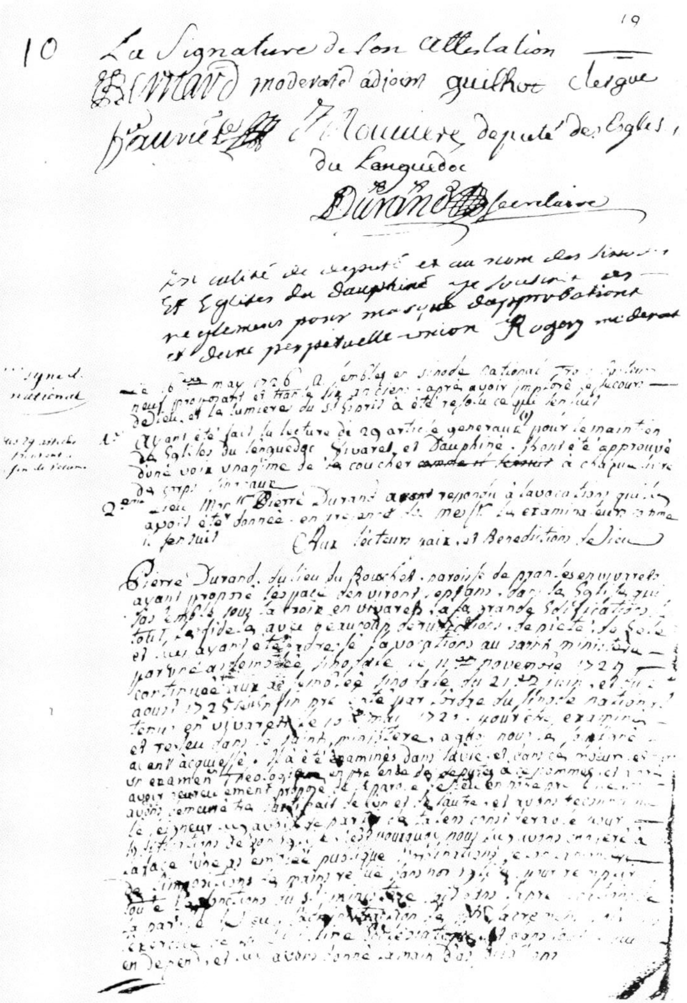

Compte rendu du premier Synode national près de Craux en 1726. Consécration de Pierre Durand.

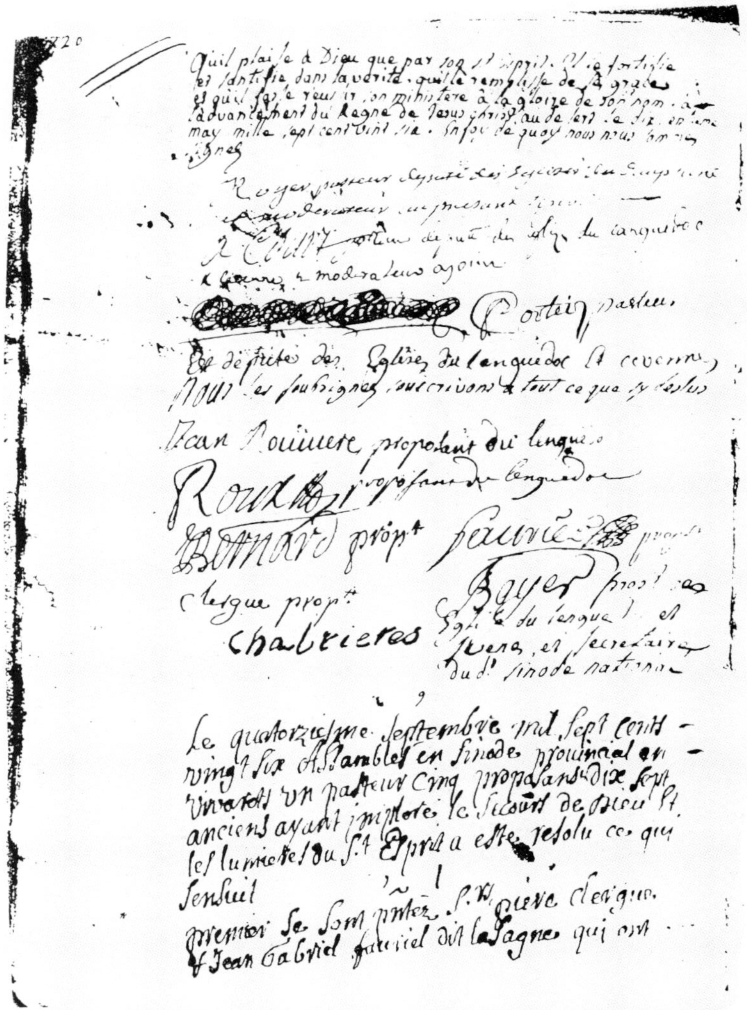

Dès le 26 septembre 1728, le « greffier du pays », Demontel, écrit à La Devèze sur la perquisition du 18 du même mois :

« Vous verrez, Monsieur, par le verbal que j'en ai fait, que le père n'est guère moins coupable que le fils ; les deux livres intitulés "Moyens pour parvenir à la félicité" sont des livres qu'ils distribuent au prix de vingt-cinq sols suivant la note qu'il a mis de sa propre main ; je ne vous ai pas envoyé plus tôt, Monsieur, le verbal parce que je comptais que Durand serait arrêté avant ce mois ; il ne sera pas difficile de l'avoir. »

La Devèze transmit l'information sur une lettre qui porte l'indication : « une fille dans la maison du père Durand prédicant », ce qui signifie que c'est Marie qui a reçu le détachement. Il ne comprend pas comment ses hommes ont pu « manquer » le père dans sa maison car il était chez lui tranquille quand les soldats sont partis de Privas « mais il ne sort pas de troupes d'un cartier que les gens qui ont quelque chose sur leur conscience ne prennent le large ». La cachette sous la cheminée aurait-elle servi ce jour-là ?

Étienne Durand crut pouvoir arrêter l'orage en s'adressant à La Devèze pour démentir toute complicité avec son fils. Il eut l'occasion, accompagné du cousin Boursarie, notaire, de rencontrer son représentant à Privas, Demontel, au château de Bavas chez M. de Saint-Quentin. C'est de cette rencontre qu'il informe son fils dans une lettre, qu'il envoya en trois exemplaires, « un à Vals, le deuxième dans les Boutières, le troisième dans le Haut-Vivarais, sans marquer l'endroit fixe », pour être plus sûr d'atteindre le ministre. Il rappelait à l'intéressé la perquisition du 18 septembre et racontait son entrevue avec Demontel le 16 octobre, lui adressant des remontrances et des conseils encore destinés à donner le change (« si vous vous y trouvez » !), mais trahissant peut-être aussi la détresse du vieillard, inquiet pour lui-même et pour ses enfants, son fils en danger de mort, sa toute jeune Marie, car il avait reçu des menaces d'emprisonnement s'il ne poussait pas le pasteur à quitter le pays. Voici la lettre telle qu'elle est conservée aux Archives de l'Hérault.

« Mon fils, sans doute vous avez su que M. de Ladevèze, commandant du pays, a donné un ordre pour me mettre en prison et vous aussi, si vous vous y trouvez, et de prendre aussi mes papiers. Cet ordre a été exécuté le 18 septembre dernier, par le sieur Duroux, de Privas, avec douze soldats. Ils sont venus dans ma maison bon matin ; mais, par la grâce de Dieu, je fus absent, où ils m'ont pris et emporté tous mes papiers, ma Bible, un Nouveau-Testament, deux Psaumes et quelques autres livres qu'ils ont remis entre les mains de

M. Demonteil [3], greffier du pays, qui les a lui-même vérifiés. Et ne trouvant point de moyens pour me mettre en sûreté de cet affaire, j'ai eu recours, accompagné du cousin Boursarie, notaire, à M. de Saint-Quintin, pour le prier en grâce de me rendre service par une lettre de sa part à M. de Ladevèze, où il se trouva M. le marquis de Durfort, M. de Liviers, M. Bernard, M. Tavernol ; et ils me dirent que M. Demonteil, greffier, y devoit venir à midi et de l'attendre ; ce que j'ai fait ; dont après j'ai reçu une telle mercuriale de ces messieurs à votre égard, que j'aurois voulu être à un autre endroit ; car M. Demonteil m'a dit que vous faisiez plus de mal dans le Vivarez que Calvin n'avoit fait en France, en Angleterre, ni ailleurs, à cause de ces mariages ; qu'un jour cela feroit un grand désordre entre les enfants bâtards et leurs parens ; et que si vous ne sortez de France, on me mettra en prison jusqu'à ce que j'aurai des preuves que vous êtes sorti. On avoit délibéré mille livres à celui qui vous mettroit entre les mains de la justice, et à présent on donne mille écus. Ainsi, ayez une fois compassion de votre pauvre père, considérez ma vieillesse et les chagrins que je reçois, comme aussi prenez garde à vous, et suis votre père. »

E. DURAND

Envoyé le 17 octobre 1729

Le texte de cette lettre, que donnait le pasteur Meynadier, dans son livre sur Pierre Durand comportait, après les mots « quelques autres livres », une précision :

> Diverses feuilles de la *Vie des Saints*, un *Combat chrétien*, un volume des *Sermons de Daillé* ; la *Manière de bien participer à la sainte Cène ; Contre l'état monastique ; Réfutation de la lettre pastorale de Sourdis, cardinal-archevêque de Bordeaux ; Moyens pour parvenir à la félicité*, 2 vol., 1721 ; *Mémoire de ce qui est arrivé en la ville de Privas.*

Le pasteur tenait sa source du pasteur Fraissinet d'Aigues-Vives ; l'information avait-elle pour origine un autre exemplaire de la lettre du père, ou a-t-elle été ajoutée d'après l'interrogatoire d'Étienne Durand ? On sait que le manuscrit du pasteur Meynadier, actuellement perdu, n'a pas été publié intégralement. Le retrouvera-t-on un jour ? Ce serait une heureuse découverte.

Le procès-verbal relatif aux livres pris au Bouschet confirme l'énumération de J.-L. Meynadier en ajoutant quelques précisions

3. Demonteil : Joseph Demonteil (ou Demontel), avocat, juge à Privas, greffier des États du Vivarais à partir de 1719.

M. de Saint-Quintin (ou de Saint-Quentin) qui a reçu Étienne Durand et qui est prié d'écrire une lettre, était l'occupant du château de Bavas, fils de Jean de Monteil et de Marie Chambaud. Saint-Quintin s'expliquerait par le fait que le père était encore en vie et seigneur de Bavas. Le fils porte le nom d'une petite tour à quelque distance de Bavas (information communiquée par M. Autrand).

intéressantes : La Bible appartenait à Pierre Durand ; parmi les deux psautiers, l'un était d'une édition de 1673 (Psaumes de Clément Marot et de Th. de Bèze) ; l'autre d'une édition récente datant seulement de 1721 (Genève). Il y avait deux exemplaires du livre « Pour parvenir à la félicité », de 1721 aussi, portant l'indication : « ce livre coûte vingt-cinq sols ». Enfin, dans le Mémoire, on avait relevé des passages accusateurs à propos de l'abbé du Chaila, de la destruction de Franchassis, de l'assassinat de Vocance et de l'assemblée surprise à la Combe de Navallet en 1719.

Le 16 octobre, le même Demontel rend compte de sa rencontre avec Étienne Durand au château de Bavas. D'après lui, Durand était averti qu'il devait aller à Bavas et lui a fait proposer par M. de Saint-Quentin « qu'il pourrait me parler sans être arrêté. M. de Saint-Quentin, jugeant qu'on pourrait tirer parti de cette entrevue, lui donna la promesse qu'il serait libre ; il vint sur la foi de cette parole et je le vis à Bavas, il nia toutes les interrogations qui lui furent faites sur ses relations avec son fils, et qu'il eût fait de ses livres d'autre usage que pour son institution particulière ». Demontel confirme ensuite ce que dit Étienne Durand : admonestations qui lui ont été adressées, avertissement relatif aux dangers que court son fils à cause des désordres qu'il crée dans le pays ; menaces de prison pour lui-même, et pour le reste de ses jours s'il ne prend

> « l'engagement à nous promettre qu'il travaillerait de toutes ses forces pour faire sortir Pierre du royaume ; s'il ne tient pas parole, on en sera maître, Monsieur, lorsqu'il vous plaira ; il ne quitte pas son voisinage, et si vous en [chargez] M. de Liviers qui chasse tous les jours dans ces quartiers, il l'arrêtera au premier ordre. »

Comme tout était bien tramé tant autour du père que du fils ! On se demande comment Pierre a pu déjouer les traquenards encore pendant trois ans.

Le 24 octobre La Devèze informe l'intendant à Montpellier : il parle des livres d'Étienne Durand et déclare qu'il fait surveiller tous les ports (sur le Rhône) pour faire arrêter l'homme « que vous m'avez désigné portant des livres de Genève dans ce pays ». Il s'agit du colporteur Mercier, qui fut arrêté au début de 1729. C'est effectivement Mercier qui a apporté les psaumes de « la nouvelle version » (1721) dont Étienne Durand possède un exemplaire (Lettres de P. Durand à Court en 1726 et 1727).

Le 17 novembre, de Privas, Demontel envoie à La Devèze un exemplaire de l'écriture d'Étienne Durand ; il s'agit d'une estimation de biens établie pour Christophe Clauzel, sans doute le seul exemplaire existant du travail de l'expert foncier.

C'est seulement le 20 décembre de la même année que Demontel informe La Devèze de la lettre qu'il a reçue du curé Chambon de Silhac, datée du 30 août ; l'aurait-il gardée pour lui jusque-là ? Le curé lui écrivait pour lui dire qu'il lui était tombé entre les mains un certificat de mariage de deux concubinaires de sa paroisse, mariés par Durand ; qu'il connaissait des personnes qui « indiqueraient » Durand pour moins de cinquante pistoles ; que le meilleur moyen serait de trouver deux concubinaires qui feraient semblant de vouloir « épouser de Durand » : « J'ai cru, ajoute-t-il, que la gloire de Dieu m'obligeait aussi bien que le salut des amis de Jésus-Christ à vous dire ces choses. » Le mariage dont il parlait était celui de Jean-Antoine Chalavouans.

Pierre Durand ne se laissa pas intimider, mais son père fut arrêté au mois de février 1729 et conduit au château de Beauregard à Saint-Péray. Le pasteur écrivit à son tour à La Devèze le 22 avril une lettre pour protester vivement contre l'arrestation d'un vieillard dont la seule faute était d'avoir un fils ministre :

> « Me sera-t-il permis de vous demander, disait-il, si le roi vous ordonne de punir un père pour les prétendus crimes de son fils ?... Vit-on jamais une plus noire injustice ? Se peut-il croire que cela se pratique dans les États d'un prince qui fait sa plus grande gloire de porter le titre auguste de Très-Chrétien ?... » Et il ajoute : « Tant que les affaires seront en l'état où je les vois, je ne me résoudrai jamais à sortir du royaume... »

Cependant, le père était enfermé à Beauregard. D'après Albin Mazon, le château avait été bâti au milieu du XVIIe siècle et fut utilisé comme prison pour un loyer de 400 livres payable à moitié par les États du Vivarais ; mais, dit le curé Dode, à Saint-Péray de 1746 à 1791, « c'est une très grande charge pour Saint-Péray soit parce que ses habitants sont obligés d'y faire garde lorsqu'il n'y a pas assez de troupes en Vivarais, soit parce qu'il lui attire beaucoup de logements de guerre lorsqu'on y conduit des prisonniers ». Il servit de prison jusqu'à la construction de la prison de Privas en 1819. Pendant la Révolution on y enferma des nobles et des prêtres réfractaires. Après 1819 et au moins jusqu'en 1853, des prisonniers ou déserteurs furent enfermés à Saint-Péray pour de courtes détentions ou de façon provisoire, mais sans doute ailleurs qu'au château de Beauregard.

De nombreux protestants y séjournèrent en attendant un transfert vers d'autres lieux de détention ou de supplice, quelquefois la libération. Voici le nom de quelques-uns donnés essentiellement par les pasteurs E. Arnaud, Ch. Serfass, pasteur à Toulaud jusqu'en 1904, et surtout Samuel Mours, ainsi que le *Bulletin S.H.P.F.* Ils étaient amenés d'une grande partie du Vivarais sauf les régions les plus méridionales, et celle d'Annonay qui avaient d'autres lieux de détention ; du Plateau on était aussi emmené au Puy.

1689 : André Mounier (envoyé aux galères) ; Pierre Grange, pour avoir assisté à une assemblée à Saint-Prix ; Jean Taboul, de Saint-Laurent-du-Pape.

1690 : Suzanne Bret, épouse Duplantier, qui sera libérée, et plusieurs autres personnes parce qu'on chantait des psaumes chez Duplantier, à Lapras ; Isaac Bertier, de la Bâtie de Crussol, prédicant, quatre mois, libéré, se réfugie en Suisse ; deux prédicants surpris lors d'une assemblée près de Privas : Antoine Arsac, de Beauvert, son frère Daniel, et Claude Laurent de Désaignes ; un autre prédicant, Mathieu Duny, dit Bastianoux, du Chambon, qui réussira à s'évader pendant son transfert à Montpellier, et accompagnera Brousson en Vivarais.

1691 : René Tranchat, Marie Tranchat, Jeanne Chazalet de Creysseilles ; Jacques Fort, « prophète », de Silhac.

1696 : Pierre Grand, de Saint-Voy, Isaac Berlier de la Bâtie de Crussol, Charles Laurent, de Desaignes.

1701 : Vingt-trois personnes entre le 11 mai et le 18 juillet (Archives de l'Hérault). Plus de quarante personnes arrêtées à l'assemblée du Creux-de-Veye (Les Ollières), dans la nuit du 14 au 15 septembre, parmi lesquelles Jacques Duplantier, prédicant, de Toulaud ; plusieurs personnes de Gilhoc, Jacques Bois ; Jean Luquet ; Jacques Claude d'Alboussière. Ebruy, présent lui-aussi à l'assemblée, aurait pu s'échapper.

1704 : 22 juin, sans doute Étienne Durand, Antoinette Boisviel, Marguerite et André Bévengut, Isaac Pagès, Jeanne Terrasse, Jeanne Bernard, du Bouschet de Pranles (cf. ci-dessus, événements du Bouschet).

1706 : Deux hommes et des femmes arrêtés près de Désaignes.

1708 : Jean Bernard, de la Grézière (le Gua), arrêté une deuxième fois en 1716, une troisième en 1718, une quatrième en 1734 après des évasions et une libération (« un obstiné religionnaire » !) Il mourut à Brescou.

1709 : Quatre habitants de Vals pris comme otages pendant la révolte de Mazel et Billard (d'après G. Paysan : *Les Camisards du Vivarais,* p. 205).

1719 : Jacques Rouvier, arrêté après son retour de Genève, ainsi que Claire et Isabeau Garnier, disparues pour toujours pour l'avoir hébergé.

1728 : Une dizaine de personnes arrêtées à Saint-Fortunat parmi les « Fanatiques de la Traverse ». Parmi elles, Philippe Blache et Bonniaud s'évadèrent de Beauregard ; Marie Vernet mourut à la Tour de Constance ; Antoinette Gonin se déclara catholique et fut libérée de la Tour.

1729 : Étienne Durand. Aulagnet, qui sera libéré et utilisé pour obtenir un témoignage contre Pierre Durand qui avait béni son mariage ; le colporteur Mercier, de Boffres ; de la Beaume, aussi de Boffres.

1730 : Marie Durand, Mathieu Serre.

1731 : Marie Vernet, de Marcols ; Jean-Pierre Rissoan de Silhac ; Malègue, qui a refusé de faire baptiser son enfant.

1737 : Mme de Trémon, pour avoir donné l'hospitalité à un soldat religionnaire ; Louis Trapier ; J.-J. Gay, Jacques Clergue, Mathieu Rostaing, Noël Vey, Marie Vey (Goutète, la compagne de Marie Durand), François Fialais et sa femme Isabeau Menet, Jean Massin, tous pour avoir assisté à un prêche près de Bruzac ; Daniel Sauzet, de Pranles et Daniel Durand, de Vals (leurs femmes envoyées à la Tour).

1738 : François Alas, de Vallon, avec quatre femmes et trois hommes. Parmi eux se trouvait Marguerite Dugas, épouse de Jacques Peschaire (communication de Mme Josselin) ; on se souvient que Marie Durand a correspondu avec Justine Peschaire de Vallon. Jean Silhol (libéré l'année suivante).

1739 : Les personnes arrêtées en même temps que le pasteur Morel-Duvernet : Louise Peyron (envoyée à la Tour), le jeune Morel, neveu du ministre ; ou arrêtées après : la veuve Chazal, son fils Louis, Jean-François Broë ; Antoine Cluzel, Paul Peyron, Jean Morel, frère du pasteur, tous de la région de Lamastre. Les personnes arrêtées en même temps que le pasteur Fauriel-Lassagne, près de Vernoux : Paule Escoulens, femme du pasteur ; David Espinas ; Jean-Pierre Espinas et sa femme Anne Lapra ; Suzanne Bravais ; Catin Bouchon. Le pasteur, blessé, était mort à Tournon. Paule Escoulens et Anne Lapra s'enfuient de Beauregard. Claude Ponton, de Gluiras, pour avoir enlevé sa sœur de la maison des Sœurs de Chalencon, où elle avait été enfermée ; Claude dit Roche pour l'avoir aidé (« le chef des religionnaires de Saint-Fortunat ») ; Antoine Terras de Saint-Fortunat, qui prête sa maison pour des assemblées ; Philippe Blache (assemblées) ; Bougnard, dit « Le Père Éternel », pour la même raison.

1741 : Jacques Dortial, avec sa femme et ses fils, Pierre qui s'échappe, et Jacques qui s'évadera d'une « école » de Montpellier.

1743 : Jean Jalade, de Gluiras, que La Devèze fait libérer parce que dénoncé par animosité personnelle par le curé Figon (E. Reynier).

1744 : Deux femmes Gleizat, la mère et la fille, deux mois pour être sorties du royaume.

1745 : Le pasteur Mathieu Majal Désubas (une nuit, avant d'être conduit à Tournon) ; Jean d'Audemard, de Toulaud.
Le juge Badon et Paul Vernet, consul à Saint-Fortunat pour avoir engagé un maître d'école non autorisé (quelques mois).

1748 : Jacques Roustain, de Roissac (Vernoux) pour avoir lu dans des assemblées.

1749 : Argaud et son valet, de Mars.

1751 : Le vieux prédicant Monteil, très âgé et qui ne prêchait plus, de Marcols ; il mourut au bout de peu de temps.

1752 : Jacques Bernard et Ribes, de Nozières ; Isaac Terrasse, de Silhac ; Jacques Meyer, de Saint-Fortunat pour s'être marié devant un ministre ; Jacques et Marianne Argod, de Saint-Agrève ; Jean Tranchat ; Teyssière, de Saint-Georges.

1770 : Villard père et fils, de Marcols.

Château de Beauregard - Saint-Péray, qui servit de prison jusqu'en 1819. État ancien.

La plupart de ces gens, ou leurs parents, ou leurs grands-parents avaient pourtant abjuré. Il n'est pas possible de tirer des conclusions précises d'une liste certainement très incomplète ; seuls les livres d'écrou permettraient d'établir un travail sûr.

On remarque néanmoins que les périodes où les arrestations se multiplient se situent, comme on peut s'y attendre, pendant et après les grands événements qui ont marqué cette époque, mouvement prophétique de 1689, Guerre des Cévennes et ses prolongements en Vivarais, poursuites intenses contre les Durand entre 1728 et 1732, années 1743-48.

On mesure également la somme des souffrances endurées par les détenus et leurs familles, le caractère varié, quelquefois insignifiant des motifs invoqués, et l'inégalité, l'arbitraire des peines infligées.

C'est dans ce lieu sinistre que le prisonnier du Bouschet demeura pendant plusieurs mois. Une lettre du subdélégué de l'Intendant au ministre Saint-Florentin, datée du 15 février 1729 donne des informations sur les tentatives d'arrestation du père et du fils, et demande une lettre de cachet pour arrêter le père : « il l'a bien mérité par les mauvais exemples que lui et son fils ont donnés dans tout le Vivarais, et c'est un de ces anciens et zélés huguenots qu'il est bon de tenir renfermés ».

Le 20 février, la Devèze annonce à Dumolard l'arrestation d'Étienne ; il l'informe aussi que Mercier « débitait des catéchismes » ; qu'on n'a pas de preuves suffisantes contre les prisonniers de Mastenac et de la Traverse, excepté ceux qui ont déjà été condamnés aux galères perpétuelles ; enfin il lui signale que l'interrogatoire d'Étienne Durand doit porter en particulier sur ses rapports avec son fils, ses livres, et Mercier. Le 4 mars, il lui rappelle encore qu'« il y a, dans les prisons du château de Beauregard, un nommé Mercier qui était certainement un agent de Durand fils et il est par conséquent connu du père ». Aussi faut-il l'interroger.

On interroge aussi Laulanier, c'est-à-dire Simon-Pierre Aulagnet, né au Gua et habitant à Chomérac, que Pierre a marié le 1er mai 1728 avec Suzanne Benoît, du mas de la Grèze paroisse de Saint-Lager ; les mariés vivaient ensemble déjà avant et avaient une fille nommée Jeanne. Lors de son interrogatoire il reconnaît avoir été marié depuis environ huit mois par Pierre Durand, « au désert ». Le commandant militaire intercepte aussi une copie d'une lettre de Fauriel-Lassagne du 15 avril adressée à Messieurs les pasteurs et prédicateurs et anciens qui composent le synode du Vivarais. De tous côtés, les recherches s'activaient.

C'est le dix mai que tout fut prêt pour l'interrogatoire d'Étienne Durand, « père du ministre », par « Jacques Robert Dumolard écuyer, seigneur de Châteauneuf, subdélégué en Vivaretz de Monseigneur de Bernage, grand-croix de l'ordre royal et militaire de Saint-Louis, Intendant en Languedoc. » Après avoir prêté serment, sous la religion, de dire la vérité, l'inculpé

> « a dit qu'il se nomme Estienne Durand, expert de profession, d'âge de soixante douze ans, natif de la paroisse de Pranles en Vivaretz, de la Religion prétendue Réformée, faisant sa demeure ordinaire au lieu du Bouschet, paroisse de Pranles. »

Notons au passage qu'il sait son âge exact, qu'il est expert de profession, et qu'il se déclare de la religion réformée. Ledit inculpé connaissait vraisemblablement les directives du « Synode National » de Craux, tenu le 16 mai 1726, qui reprend, dans son article XXII, des résolutions antérieures des synodes provinciaux, et déclare, à propos de l'attitude que devront observer les fidèles qui seront arrêtés :

> «... Et sur les interrogations qui pourront leur être faites, on doit se souvenir que, si ce ne sont pas des magistrats ou autres personnes revêtues de l'autorité que le Roi leur donne, il ne leur sera rien répondu ; mais si ce sont des magistrats ou autres personnes représentant la personne du Roi, on leur dira naïvement la vérité pour ce qui regarde seulement la personne interrogée, se prenant bien garde de ne rien dire des autres que les persécuteurs voudraient rechercher, puisqu'un vrai fidèle, en même temps qu'il doit être véritable et sincère, doit garder un profond silence sur tout ce où Dieu n'est pas glorifié et le prochain édifié, et qui pourrait attirer des persécutions aux autres membres de Jésus-Christ. »

C'est bien en tout cas l'attitude qu'Étienne s'efforce d'observer, comme Pierre le fera un peu plus tard :

> « Interrogé s'il est vrai qu'il a un fils appelé Pierre Durand, a dit qu'il est vrai qu'il a un fils appelé de ce nom.
> Interrogé s'il ne sait que Pierre Durand son fils fait depuis plusieurs années les fonctions de ministre et bénit en cette qualité des mariages, a répondu qu'il sait par ouy-dire que son fils est ministre depuis deux ou trois ans, qu'il a même ouy dire qu'il bénissait des mariages en cette qualité et que le nommé Simon-Pierre Laulanier, actuellement en prison avec lui, lui a dit qu'il avait béni son mariage. »

Ensuite à diverses questions il répond qu'il ne sait pas où ce mariage a été béni ; qu'il y a environ un an ; qu'il ne connaissait pas Laulanier avant d'être en prison ; qu'il ne sait point d'autres mariages faits par son fils.

« Interrogé s'il a engagé ce fils à sortir du royaume ainsi qu'il avait promis, a dit ne l'avoir jamais promis et ne s'être jamais donné aucun mouvement pour cela, n'ayant point de commerce avec son fils. »

Il déclare ensuite qu'il ne sait pas si son fils est hors du royaume ; il ne l'a pas vu depuis plus de huit ans, et il n'en a pas reçu de nouvelles « lui ayant expressément défendu de lui écrire » ; il est faux qu'il ait suivi son fils dans les assemblées et synodes, « ayant seulement ouy dire qu'il allait et venait en Vivaretz pour bénir des mariages ».

Interrogé s'il n'est vrai qu'il a vendu plusieurs livres intitulés *Moyens pour parvenir à la félicité*, dont nous lui avons exhibé un exemplaire qui a été trouvé chez lui et si ce n'est son fils qui lui a adressé lesdits livres, a répondu n'en avoir jamais vendu mais que son fils étant venu chez lui pour se faire habiller en 1721 ou 1722, il lui apporta quatre livres dont deux intitulés *Moyens pour parvenir à la félicité*, un autre *Préparation à la Cène*, et le quatrième un psaume de la nouvelle version, et a reconnu le livre que nous lui avons exhibé pour être le même que son fils lui avait donné dont il dit avoir fait grand usage ; lui avons cependant représenté qu'il ne dit vrai puisque le livre est tout neuf, a soutenu l'avoir beaucoup lu mais qu'il a pris grand soin de le conserver.

L'interrogatoire porte alors sur « le nommé Mercier, marchand ». Étienne Durand ne le connaît pas ; ne sait pas si son fils se sert de lui pour « débiter des livres de la religion » ; ignore si son fils est en commerce avec lui ; ignore en outre s'il y a d'autres prédicants en Vivarais.

« Lecture à lui faite de susdit interrogatoire et réponses, a dit icelles contenir vérité, n'y voulant ni ajouter ni diminuer, et a signé avec nous et notre greffier de ce enquis. » E. Durand, Robert Dumolard, Combassier, greffier.

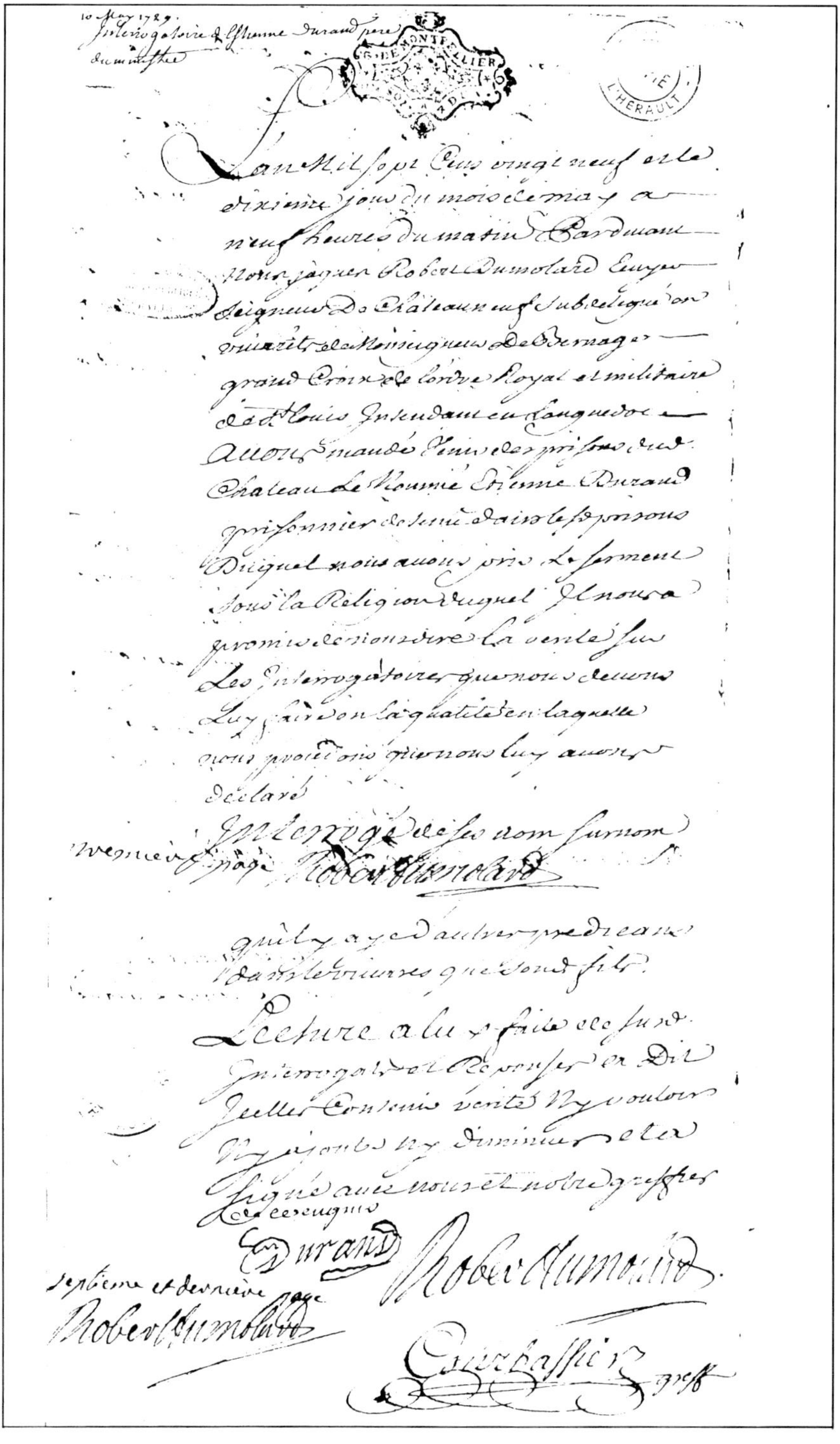
10 May 1729. Interrogatoire d'Etienne Durand pere du ministre

L'an mil sept cens vingt neuf et le dixieme jour du mois de may a neuf heures du matin Pardevant Nous Jaques Robert Dumolard Ecuyer Seigneur de Chateauneuf subdelegué en vivarets de Monseigneur de Bernage grand Croix de lordre Royal et militaire de St Louis Intendant en Languedoc avons mandé venir des prisons dud. Chateau le nommé Etienne Durand prisonnier de Sa Ma. dans lesd. prisons duquel nous avons pris le serment sous la Religion duquel Il nous a promis de nous dire la verité sur les Interrogatoires que nous devons luy faire en la qualité en laquelle nous procedons que nous luy avons declaré

Interrogé de ses nom surnom

premiere page Robert Dumolard

qu'il y aye d'autres predicans dans le vivarets que son fils.

Lecture a luy faite de ses d. Interrogatoires et Reponses a dit Icelles Contenir verité n'y vouloir ny ajouter ny diminuer et a signé avec nous et notre greffier

Durand Robert Dumolard

septieme et derniere page Robert Dumolard

Cuerbassier greff

Première et dernière pages de l'interrogatoire d'Étienne Durand par Dumolard à Saint-Péray.

On remarque la signature tremblante, exceptionnellement, du malheureux prisonnier ; mais on n'avait guère appris sur son fils.

Le 20e mai suivant, Dumolard envoya à l'Intendant « l'interrogatoire et réponses du nommé Étienne Durand, détenu dans les prisons du château de Beauregard pour être soupçonné d'être en relation avec Pierre Durand son fils ministre et prédicant. »

Ces relations supposées mises à part, on n'avait pas grand-chose à reprocher au prisonnier. Aussi le 14 juin, Dumolard écrit à la Devèze : « Je ne crois point qu'il y ait lieu de faire le procès à Durand père. » Il lui parle aussi de la lettre du curé Chambon et de la copie du mariage de Jean-Antoine Chalavouans, mais aussi de l'espoir « d'attraper le fils par le père ». C'est pourquoi on ne le libèrera pas. Une lettre datée de Marly le 27 juin 1729 nous apprend que Sa Majesté approuve de faire transférer le nommé Durand du château de Beauregard au fort de Brescou : « Je joins ici l'ordre et la lettre de cachet nécessaire à cet effet ». Par le courrier ordinaire, ordre est donné de mettre Aulagnet en liberté sous condition et avec menace, en particulier ne pas fréquenter sa femme jusqu'à mariage en face d'Église.

La poursuite de Pierre Durand continue sans répit : le 26 juin, une lettre arrive de Villeneuve de Berg pour dénoncer une assemblée convoquée à Vals, à laquelle le ministre doit se rendre « dans cette semaine » ; elle est signée Dunuyer. Le 2 juillet, nouvel interrogatoire d'Étienne par Dumolard sur les lettres adressées à son fils après l'entrevue de Bavas ; il est possible que Dumolard n'ait pas encore eu connaissance de l'un des trois exemplaires avant l'interrogatoire du 10 mai dans lequel il n'en est pas question. Le prisonnier déclare n'avoir reçu aucune réponse de Pierre. « Je ne doute pas, disait le subdélégué, quoiqu'il le nie, qu'il soit d'intelligence avec son fils ».

Il ne restait plus qu'à obéir à l'ordre de la Cour et emmener le prisonnier ; l'ordre de départ fut donné le 8 juillet et le trajet commença le 11, sous la garde de quatre fusiliers et d'un sergent qui devaient être remplacés à Nîmes, à Lunel et à Montpellier. Comment le vieillard fit-il le voyage ? A pied ? Attaché sur un cheval ? En charrette comme certains ? Par eau, comme Jean Bernard ? On sait que Pierre fera le voyage à cheval, accompagné de cent hommes (pour un ministre qui valait trois mille livres !), du 22 février au 1er mars 1732 ; étapes : Tournon, Charmes, Cruas, Viviers, Saint-Esprit avec séjour d'un jour, Valvignères, Nîmes, Lunel, Massillargues, Montpellier.

Le prisonnier de Brescou reçut de sa fille Marie, restée seule au Bouschet, une lettre au mois de mars 1730, dans laquelle elle lui demandait l'autorisation de se marier avec Mathieu Serre.

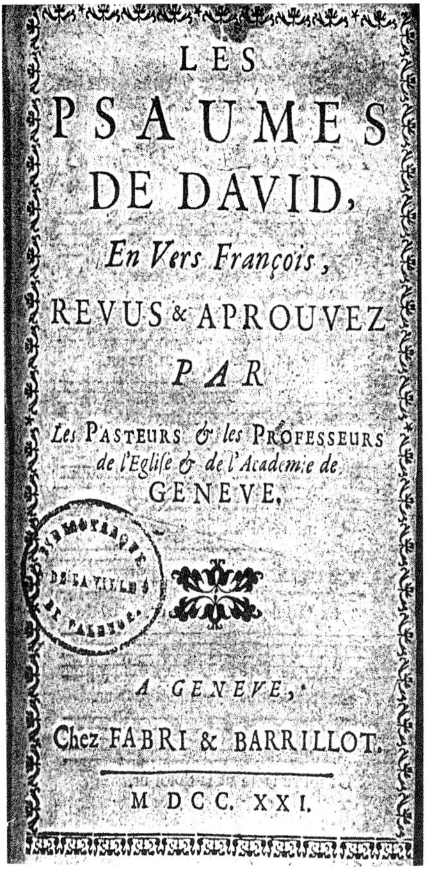
LES
PSAUMES
DE DAVID,
En Vers François,
REVUS & APROUVEZ
PAR
Les PASTEURS *& les* PROFESSEURS
de l'Eglise & de l'Academie de
GENEVE,

A GENEVE,
Chez FABRI & BARRILLOT.

M DCC. XXI.

Première page du psautier de 1721 dont Étienne Durand possédait un exemplaire.

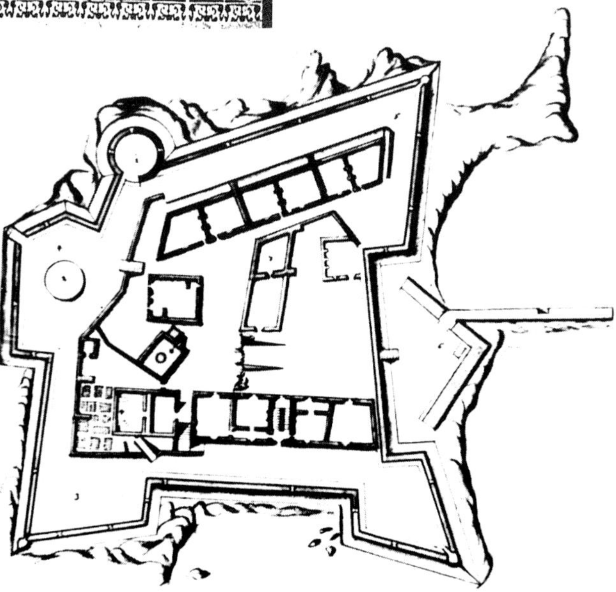

Plan du Fort de Brescou.

Il lui répondit en mars, en juillet au Bouschet, et une troisième fois à Beauregard, où il avait donc su qu'elle se trouvait, mais après le départ de Marie ; celle-ci ne reçut rien ; la correspondance était coupée entre des gens si dangereux.

Heureusement a été conservée la lettre que le vieux père écrivit à sa fille le 19 septembre : il a appris l'arrestation de Marie le 14 juillet d'après une lettre de La Devèze, son incarcération à Beauregard, informé déjà avant l'arrivée de Mathieu Serre à Brescou, puis son transfert à la Tour de Constance. Des nouvelles circulaient malgré tout dans les prisons.

Cette dernière lettre est bien connue ; il est pourtant indispensable de la reproduire ici car c'est elle qui nous révèle, sans conteste possible, encore mieux que l'interrogatoire courageux et adroit à la fois, le véritable Étienne Durand. Libéré des contraintes, par son arrestation même, il parle avec le fond de son cœur : le père, douloureusement frappé une fois de plus (« ainsi, mon enfant... ») ; l'homme qui « a toujours esté dans des épreuves, des souffrances et des persécutions de toutes parts » ; le protestant qui n'établit pas de distinctions entre les sectes et considère comme « sœurs » Antoinette Gonin et Marie Vernet, arrêtées parmi les « fanatiques de la Traverse » endoctrinés par Dortial, tout autant que les autres Vivaroises parmi lesquelles se trouvaient Marie Guéraut et Suzanne Tracol qui avaient, à Vernoux, soutenu un mourant de leurs prières, ce qui avait suffi pour les faire arrêter, et aussi Marie de la Roche dont le crime était d'avoir fait bénir par Pierre Durand son mariage avec Joseph de Prachazal le 21 novembre 1729, et qui sera libérée en 1736 ; le chrétien enfin tout simplement qui met quand même sa confiance en Dieu, qui trouve une grâce pour Marie dans la compagnie des femmes qu'elle connaît, qui propose, surtout, à la sœur l'exemple du frère et qui va jusqu'à prier pour ses persécuteurs : « Que Dieu leur fasse la grâce de reconnaître le tort qu'ils nous font et se font à eux-mêmes. »

Ah ! que nous connaîtrions imparfaitement Étienne Durand sans cette lettre qui confirme ce que nous laisse supposer sa vie et qui confond en même temps ceux qui ont cru quelquefois pouvoir le soupçonner de tiédeur et d'opportunisme, au même titre que tant d'autres qui, après la Révocation, ont essayé d'échapper aux dragonnades, aux amendes, aux tortures, aux galères, aux prisons, à la mort, tout en restant fidèles au fond du cœur, et en encourageant leur entourage à le rester. Ils ont pendant longtemps vécu de l'espoir entretenu de diverses manières, les Durand jusqu'en 1719. Mais quand l'espoir s'est évanoui, que pouvaient-ils faire, eux qui avaient perdu leurs cadres et leur organisation ? Ce qu'ils ont fait, tout simplement : ils ont compris que « la voie médiane » ne passait plus par l'attente, la fidélité discrète, la reconnaissance à ceux qui ne se montraient point intraitables avec eux ; mais qu'il fallait, cette fois, comme Brousson l'avait souhaité et conseillé, essayer de reconstituer une organisation et de ne plus se soumettre aux ordres tyranniques. Et c'est là, justement, que, pour le Vivarais, on trouve les Durand, comme le Languedoc et le Dauphiné trouvèrent les leurs.

Voici la lettre du père à sa fille, telle qu'il l'a écrite :

> « Monsieur le lieutenant du Roy d'Aygues Mortes, pour rendre s'il lui plaît à Marie Durand, prisonnière à la tour de Constance.
>
> A Brescou ce 19 septembre 1730
>
> « Ma fille l'auteur de la nature a permis que depuis mon aage de congnoissance je suis ésté toujours dans de épreuves dans de souffrances et de persécutions de toutes parts et je voy quelles aumentent de degré en degré, mais remerciant à Dieu je me suis toujour conssollé et met ma confiance en Luy, et nonobstant tous mes malheurs jamais rien ne m'a manqué pour mon entretien et de ma famille, ainsy mon enfant je vous écrit ces de(ux) mots pour vous prié de ne vous chagrigné pas en rien que ce soit, au contraire de vous réjouir au Seigneur par de prières par de psaumes et de cantiques à toute heure et à tous momens et par ce moyent le Seigneur vous donnera la force et le courage de suporter toutes les afflictions qui peuvent vous arriver et dire comme David "Tant plus de mal me vient tant plus de Dieu il me souvient". Il ne faut pas regreter la bienséance que vous aviez car vous voyez que votre frère a tout quité pour travaillé à leuvre du Seigneur et qui nauze point paraître en publy et pourtant je croit qu'il ne pert point courage, faite vous en de même. Dieu vous fait une grande grâce de ce que vous avez pour compagnie nos sœurs de La Traverse et de Boutières s'ils sont en vie sans oublier les autres qui sont du même coingt auxquelles votre fiancé et moy nous recommandons à leurs saintes prières nous en faisons pour tous de même tant pour nos ennemis que pour nos amis. Que Dieu leur face la grâce de reconnaître le tort qu'il nous font et qui se font à eux-mêmes. Je vous fit réponce sur celle que m'avez écrit du mois de Mars pour aprover vostre mariage mais elle ses perdue au buraud de même sur celle de Juilliet. Et pour lors vous étiez arrettée. Ensuite je n'ay envoyé une à Beauregard mais vous avez dut partir, jay envoyé au couzin Boursarie davoir soint de mes afaires et de mais meubles. Vostre fiancé ce porte bien il couche avec moy dans un bon lit et j'espére avec layde de Dieu il aura la liberté dans le fort comme moy pour veut qu'il soit passiant et sage comme je crois, je vous recommande encore une fois de prandre passiance et suis votre père. »
>
> E. Durand

Cette lettre est capitale pour nous, mais en même temps elle condamnait le dangereux religionnaire à une longue captivité, puisqu'il disait ce qu'on avait toujours cherché à savoir, essentiellement sa connivence avec son fils.

Comment vécut-il au fort de Brescou les quatorze ans de son incarcération ? Il n'avait jamais vu la mer auparavant, il s'était toujours dépensé dans ses jardins, ses champs et ses châtaigniers, ou bien il avait passé des heures laborieuses dans l'étude du compoix et de l'allivrement. Le voici maintenant enfermé, entouré d'eau, désœuvré et en souci pour les siens. Était-il maltraité ? Sa lettre semble dire le contraire puisqu'il couche dans un lit et jouit de sa liberté dans le fort, mais peut-être voulait-il rassurer Marie : ce régime s'est-il prolongé ? Ce qui est certain, c'est que nous pouvons être assurés qu'il a su mettre toute sa confiance dans le Seigneur, tout comme Pierre qui écrit : « Si mon Sauveur veut m'appeler à signer de mon sang son Saint Évangile, sa volonté soit faite », ou comme Marie : « Quand tu me tuerais, Seigneur, j'espérerai toujours en toi ». Même disloquée, la famille est en communion de pensée.

A Brescou on gardait des prisonniers qui n'avaient, comme lui, été soumis à aucun jugement, car on n'avait pas de griefs importants et précis à formuler contre eux. C'est là qu'il dut apprendre un jour par quelque messager, quelque gardien ou quelque commerçant chargé du ravitaillement, ou encore par une lettre, peut-être le décès de sa première petite fille Jeanne (11 juillet 1730), la naissance d'Anne (15 août 1729), puis de Jacques-Étienne, Étienne comme lui, ce prénom qu'il avait voulu donner à son deuxième garçon et qu'on affectionnait particulièrement dans la famille, peut-être en souvenir du diacre martyrisé ; Jacques-Étienne était né le 22 juillet 1730. Il avait fallu qu'il apprenne aussi les tribulations de sa belle-fille et son exil à Lausanne sans ses enfants, le départ de ceux-ci à leur tour pour la Suisse, après l'arrestation et le supplice de Pierre. Quelle cascade de maux ! Il résistait cependant. Pierre en avait eu des nouvelles avant son arrestation ; dans une lettre à sa femme, du 17 février 1731 il écrit :

> « Le vieillard vénérable dont vous me parlez se porte bien et l'on travaille à le mettre en état de vous aller joindre. Dieu veuille bénir ces projets ! Sa fille se porte bien aussi, béni soit Dieu ! Elle reconnaît maintenant le tort qu'elle a eu de ne pas suivre le conseil de ses amis. »

On voit que le fils espérait encore la libération du père et un départ pour la Suisse, comme il l'avait conseillé sans doute à Marie. Le 18 août 1731, il écrit encore à Anne : « Votre mère se porte assez bien, Dieu soit béni, de même que mon père. Ma sœur a la fièvre ».

D'après une liste dressée à Brescou en 1740 [4] par Étienne Durand (Archives de l'Hérault), peu de temps après son transfert dans le fort, il y fut rejoint par Mathieu Serre, de Poux, paroisse de Saint-Pierreville arrêté pour « avoir fiancé Marie Durand ». A ce moment il a « cinquante ans ». Une lettre de 1748 lui en donne cinquante huit, mais une autre liste de Brescou lui en donne soixante en 1745. Il fut libéré en 1750 et contraint de s'exiler, on ne sait où.

Un autre prisonnier arriva à peu près en même temps, « pour avoir esté en Suisse » : André Roustan d'Uzès.

Le 25 décembre 1734, ce fut Jean Bernard « de la Ribière, mandement de La Voulte », mais qui était né à la Grézière, paroisse du Gua, prédicateur « inspiré », rallié par la suite aux projets de Pierre Durand, modérateur du premier synode du Vivarais ; sa demeure était « très suspecte ; elle sert de retraite aux coureurs qui passent le Rhône ; il faudra la raser ; sa femme ne vaut pas mieux que lui » ; arrêté pour la quatrième fois en 1734 ; malgré une lettre anonyme, la déposition du curé de Rompon, deux lettres du prieur de Saint-Cierge la Serre et du curé de Royas, on ne put pas « faire une procédure contre lui ». C'est pourquoi le ministre Saint-Florentin l'envoya à Brescou, où, le 24 mai 1747, on le déclara mort depuis quelque temps.

En 1738, ce fut le tour de Mathieu Escoulent, de Saint-Fortunat, lui aussi « pour être revenu de Suisse ».

Un autre Vivarois se trouvait à Brescou dès 1739, un nommé Rissoan, de la Combe du Pré (Silhac), coupable de s'être marié au désert. Et aussi un « notable bourgeois de la ville de Puylaurens », le sieur Normand, pauvre, âgé de soixante-dix ans et accablé d'infirmités ».

Une liste de 1745, après le départ d'Étienne, nous informe que Serre (60 ans), brassier de profession, Bernard, 60 ans environ, (il était né en 1672), brassier, et Escoulent, 58 ans environ, ont une bonne conduite.

Comment tous ces hommes, en général âgés, passaient-ils le temps ? Dans sa lettre à Marie, on a vu qu'Étienne jouissait d'une certaine liberté à l'intérieur du fort, ce qui n'était pas encore le cas

---

4. Archives de l'Hérault. Dossier C 221.

de Serre. Étienne tient sans doute un peu le rôle de secrétaire, comme Marie à la Tour. C'est ainsi qu'il a dressé cet « État des prisonniers qui sont de la religion réformée ».

Il n'avait pourtant pas renoncé à l'espoir d'une libération. Il a même rédigé, à la fin de 1730 un placet pour demander sa liberté. Le 31 décembre de cette année, le ministre Saint-Florentin semble porté à l'indulgence à son égard :

> « Le nommé Durand, écrivait-il, représente par le placet ci-joint qu'il n'est détenu enfermé que parce qu'il ne peut obliger son fils à se représenter, lequel cependant n'a quitté le royaume que par libertinage et non point par rapport à la religion ; vous ferez de ce placet l'usage que vous estimerez à propos, et je vous prie de croire que personne, Monsieur, ne vous honore plus parfaitement que je le fais. »
>
> Saint-Florentin.

Le ministre n'avait peut-être pas parfaitement compris la lettre de Durand, mais l'Intendant ne voulait pas libérer son prisonnier, d'autant plus que Pierre n'était toujours pas arrêté. La réponse est du 21 janvier 1731 :

> « J'ai reçu votre lettre que vous m'avez fait l'honneur de m'écrire le 31 du mois passé et le placet y-joint par lequel le sr Durand prisonnier dans le fort de Brescou demande sa liberté.
> C'est le père d'un ministre qui fait beaucoup de mal et cause beaucoup de désordres dans le Vivaretz ; il a écrit depuis peu à sa fille prisonnière dans la Tour de Constance une lettre par laquelle il l'exhorte à prendre courage et à ne point regretter sa maison, il lui cite l'exemple de son frère qui a tout quitté pour travailler à l'œuvre de Dieu, ce sont ses propres termes ; ainsi, Monsieur, il sait bien que ce n'est point, comme il l'expose dans son placet, par libertinage que son fils a quitté sa maison mais uniquement pour faire ses fonctions de prédicant et entretenir les nouveaux convertis de cette province dans leurs erreurs.
> Ce prisonnier est lui-même un religionnaire très obstiné, il a acquis de la confiance parmi les gens de sa paroisse et il serait trop dangereux de lui permettre de retourner dans un pays qui n'est déjà que trop infecté. »

Cette procédure et cette correspondance, en particulier cette dernière lettre de Bernage, l'Intendant, sont tout à fait révélatrices des craintes que la famille Durand inspirait aux autorités et sont pour nous pleines d'enseignements. Le premier de tous c'est qu'Étienne a bien été arrêté, interrogé et relégué à Brescou parce qu'on espérait tirer de lui des informations sur son fils, ou pousser par ce moyen Pierre à l'exil. Le deuxième, c'est que le vieillard était soupçonné d'avoir toujours été un religionnaire obstiné, et qu'on s'est toujours méfié de lui, dès l'époque lointaine où il signait son contrat de mariage, et en particulier en 1704 où on le considérait comme l'inspirateur d'un groupe de gens « qui infectait le pays », en 1719 où il fut convaincu d'avoir, avec sa femme Claudine, prêté sa maison pour des assemblées, et jusqu'à son arrestation. Troisièmement nous voyons confirmée l'impression de respect, d'autorité et de confiance qui entourait cet homme dans son pays. Enfin, on peut être assuré que sa lettre à Marie, interceptée, a contribué à confirmer les soupçons que les autorités nourrissaient à son égard, et à prolonger sa réclusion longtemps après le martyre de Pierre.

Combien de fois le vieillard dut-il penser à tous ces événements, depuis le fort de Brescou d'où il pouvait voir les côtes du Languedoc, et « son cœur commencer à soupirer », comme disait un autre prisonnier célèbre en « regardant vers le pays de France, à Douvres sur la mer ». Le Bouschet, sa maison, la large perspective sur la vallée de l'Eyrieux, jusqu'à l'horizon du côté du Rhône et du Vercors ; et, plus près autour de lui, sur les pentes, son jardin, ses champs, ses châtaigneraies, tous ces noms de lieux-dits qu'il portait en lui gravés depuis toujours, la Chazette, la Blache, la terre d'issarts des Traverses, le Vignon, la Fournache, les Hières, la Coste, le Feidau ; et puis ce chemin de Pranles qu'il avait emprunté tant de fois, descendant jusqu'au ruisseau puis remontant sur le sentier de la Farge au bord duquel fleurissaient au fil des mois le serpolet, *la* trèfle sauvage, la rouge ou la blanche et la tartalèye ; ses châtaigniers surtout qui en avril avaient encore la couleur violette de l'hiver, puis tout à coup à la fin du mois prenaient feuille en commençant par les basses branches bouches au-dessous de la greffe, se couvraient magnifiquement, changeaient de couleur encore quand apparaissaient les minous, et se chargeaient peu à peu de la récolte dont il guettait la germination, la première châtaigne pleinette, la première chaille, la première grune tombée sur le sol ; et ce compoix qu'il savait par cœur et dont il avait tant tourné les pages ; et les parents, et les amis, les Bévengut, les Combe du Bouschet, les Pranlencs aussi avec qui il supputait le temps et échangeait les nouvelles, ou qui venaient le consulter ; et la vie familiale, douce malgré tout au foyer avant cette fatale journée de la Combe de Navallet ; tout cela il le portait en lui et il savait que même en cas de libération, même en cas de retour au Bouschet de son unique fille, cela n'aurait plus pour lui couleur ni saveur ; pourtant d'autres temps viendraient un jour, l'œuvre de Pierre ne serait pas perdue.

En attendant il fallait vivre. Il résista encore à cette épreuve et fut enfin libéré le 1er (ou le 3) octobre, sur un ordre du ministre

Saint-Florentin du 15 septembre 1743. Il laissa donc Mathieu Serre, il dut avoir un serrement de cœur à la pensée que Marie était toujours là, pas très loin de sa route, et il refit en sens inverse le chemin du Bouschet. Comment trouva-t-il sa maison ? Ses biens avaient été exploités et diverses responsabilités assumées par son neveu Étienne Vabres, dont Pierre avait béni le mariage avec Marguerite Astruc le 30 mars 1730. Il déclare lui-même qu'il a chargé le notaire Boursarie, cousin parce que marié à une Reboul de la Chièze, d'avoir soin de ses affaires ; et quelques mois après le martyre de Pierre, de la Tour, Marie, sans doute sollicitée parce qu'on ne croit guère possible un retour du père, fait procuration le 6 janvier 1733 à Étienne Vabres « pour gérer et administrer ses biens ou ceux de son père pendant tout le temps qu'elle sera détenue prisonnière à la Tour de Constance ». L'acte notarié du 28 août 1760, signé par Anne Durand, indique que

> « ledit Vabres administra les biens de lad. Durand ou de feu Étienne Durand pendant l'espace de onze années et pendant lequel temps led. Vabres retira les revenus desd. biens et paya les debtes dud. Durand. »

Étienne en reprend possession, mais dans quel état pouvaient être une maison et un domaine dont l'exploitant habitait à une lieue ? Il recommença une fois encore à élever du bétail. Par quel malheur fallut-il que l'oncle et le neveu, qui semblent tous deux avoir été des hommes raisonnables, mesurés, n'aient pas pu s'entendre ? Des désaccords survinrent à propos de la « légitime » de Marie, épouse Vabres, sœur du premier Étienne, et mère du second, qui n'avait pas été entièrement payée, et au sujet de l'administration des biens ; des procès se prolongèrent sans aboutir et, à coup sûr, obscurcirent les dernières années du vieil homme. Telles étaient les conséquences d'une persécution impitoyable dont les effets pernicieux arrivaient à brouiller les familles. (Sur cette question, voir notre livre *Lettres de Marie Durand*, p. 52).

Cependant Étienne Durand ne se désintéressait pas de la vie locale. À peine revenu au Bouschet, il apprend des nouvelles qui doivent le réjouir ; il sait certainement, comme l'ouvrier qui a gravé sur une tuile du Bouschet : « Cette année 1744 L'on a commansé a preche le jour », qu'il y a une accalmie dans la poursuite des assemblées, que le 1er Mai de la même année le synode du Vivarais a jugé « qu'il était à propos de commencer, si le Seigneur le permet, de s'assembler en plein jour », que les mariages et baptêmes au désert se multiplient, ce qui justifie les initiatives de Pierre. Toujours est-il qu'en 1745 on peut voir sa signature, une fois encore au bas d'une requête des consuls et habitants de Pranles, adressée aux Commissaires du Roi et des États, contre le curé Esclauzas et sa sœur et servante : celle-ci aurait perçu indûment cent dix livres payées par les contribuables de la communauté en 1742 pour le loyer et les gages d'une maîtresse d'école, avec la complicité du sieur Esclauzas « qui cherche le moyen d'accabler tous ses misérables paroissiens », et du sieur Cazeneuve. (Archives P. Viougeas).

Vingt-trois signatures, dont celles des deux consuls, montrent bien l'état d'esprit qui régnait à Pranles, à cette date, où l'on n'hésitait pas à s'en prendre au curé. Ce fait n'est d'ailleurs pas isolé, car, à la même époque, à Privas, un litige de longue durée oppose le Consul La Caumette et son collègue au curé Mermet et ses vicaires à propos de « l'établissement » de deux « frères des écoles », auquel s'opposent quelques particuliers. (Voir E. Reynier, *Histoire de Privas* II, 2, p. 133). A cette date il y avait trois pasteurs à l'œuvre en Vivarais, deux après l'arrestation de Désubas.

On peut raisonnablement espérer que le vieillard put correspondre avec sa fille Marie, puisque celle-ci correspondait avec diverses personnes et put écrire aussi à Anne, la fille de Pierre. On remarque en effet que Marie a été tenue au courant des affaires de son père (voir en particulier la lettre à Anne du 21 juin 1751). Cet échange, s'il a eu lieu, fut un adoucissement à ses peines. Mais Marie, dont nous ne possédons pas les lettres à Anne avant 1751, bien qu'il y en ait eu, revient rarement sur le passé et ne parle nullement de ses rapports avec son père. On a vu plus haut que Pierre, avant d'être pris, avait des nouvelles de celui-ci.

Il restait un grand souci au vieux lutteur qui sentait ses forces l'abandonner : son testament. Mais comment le rédiger sans risques de confiscation au moins partielle puisque la sentence condamnant son fils portait que ses biens lui seraient confisqués, distraction faite du tiers pour sa femme et ses enfants, puisque de plus Anne Rouvier était décédée en 1747 et sa fille Anne toujours exilée, et qu'enfin Marie était prisonnière à la Tour, sans jugement il est vrai (On peut consulter sur la question des biens des protestants persécutés un article de G.E. de Falguerolles dans le *Bulletin de la S.H.P.F.* 1968, p. 205).

Parmi les plus proches parents, les Vabres étaient en conflit avec lui ; restaient les Astruc de Pleineselve. Son petit-neveu Pierre lui avait-il rendu des services particuliers ; avait-il, comme le suggère Marie, mais peut-être en imaginant mal la situation après trente ans de Tour, usé d'artifices ? C'est lui qui fut choisi comme légataire, mais non sans prudentes et paternelles conditions. Nous n'avons pas le texte du testament rédigé par Me Barruel, notaire à Privas le 13 novembre 1748 ; mais l'accord passé le 18 juillet 1760 devant

Me Reymondon, notaire à Saint-Pierreville entre Pierre Astruc et Anne, « procuratrice générale » de sa tante, en donne les dispositions essentielles : Astruc devenait héritier mais à condition de remettre les biens à Marie si elle était libérée, et en attendant, lui verser une rente annuelle de vingt livres ; et de plus il devait verser un légat de six cents livres à Anne.

Bien que nous ayons donné un rapide résumé de cet accord dans les *Lettres de Marie Durand*, on en trouvera ici une copie complète qui montre bien la désorganisation et les complications que des lois et décrets odieux avaient provoqués dans la vie des familles qui avaient des membres persécutés, emprisonnés ou exilés. On y trouve de plus de nombreuses informations sur la vie de cette époque, la vie de tous les jours. En particulier on constate la variété des céréales et des légumineuses qu'on faisait sécher pour l'hiver : le trémois est une céréale tardive qu'on sème en mars, surtout si les semailles d'automne n'ont pas réussi, et qui « vient » en trois mois ; le vesson, une petite vesce ; les cèzes sont des pois chiches ; la geisse une légumineuse, le meil noir, ou fétuque, une graminée. On remarquera aussi l'importance que prend la pomme de terre ; et on s'étonne de ne pas trouver dans cette liste de provisions hivernales les « blanches » ou « mates » c'est-à-dire les châtaignes sèches et épluchées qu'on faisait bouillir pour les consommer avec du lait chaud comme une soupe (la cousina) ou très froid, sortant du fin fond de la cave, pour le goûter à l'époque des gros travaux d'été. Une partie au moins de ces denrées est destinée à la semence. Ajoutons qu'une chardée est une quantité de laine cardée en un jour (un peu l'antique « pensum »).

Transaction : L'an 1760 et le 29e jour du mois de Juillet avant midi par-devant le notaire gradué soussigné et en présence des témoins bas-nommés, Dlle Anne Durand habitant depuis environ dix mois au lieu de Craux, paroisse de Serres, fille de feux sr Pierre Durand et de Dlle Anne Rouvier du lieu du Bouchet, paroisse de Pranles, procuratrice de Dlle Marie Durand sa tante détenue à la Tour de Constance à Aiguesmortes suivant la procuration reçue et délivrée en original par Me Crouzet notaire le 18 Avril dernier qui demeurera annexée à la présente transaction, d'une part, et Pierre Astruc fils de feux Gédéon et Claudine Vabre, du lieu de Pleine Selve susdite paroisse de Pranles d'autre,

ont dit que par exploit du 17 Mai dernier duement controllé au Bureau de Saint-Pierreville ladite Dlle Marie Durand, en qualité de fille de feux sr Étienne Durand et Dlle Claudine Gamonnet, aurait fait assigner ledit Pierre Astruc devant les officiers des quatre mandements des Boutières pour se voir condamner à lui délaisser la libre possession des maisons et entiers biens ayant appartenu audit feu sr Estienne Durand et à ladite dlle Gamonnet situés au lieu du Bouschet, ensemble les meubles et effets, bestiaux, semences et cabaux qu'il a trouvés dans lesdites maisons dont il s'est emparé sans droit ni titre depuis le 19 Janvier 1749 que ledit sr Estienne Durand décéda, et à lui restituer les fruits et revenus desdits biens depuis son indue occupation suivant estimation qui en sera faite par experts avec dépens

sur laquelle assignation ledit Astruc voulait se présenter et demander d'être maintenu en la possession et puissance des biens dudit sr Estienne Durand comme étant son héritier institué par son dernier testament reçu par Me Barruel notaire de Privas le 13 Novembre 1748 controllé et insignué au bureau de Privas par Me Sainte commis le 11 Mai 1749 en offrant de payer à ladite dlle Marie Durand la pension de vingt livres à elle léguée par son père et de lui abandonner les biens de ladite Gamonnet sa mère, et lui restituer les fruits depuis le décès dudit sr Estienne Durand qu'il soutient n'être pas d'une grande valeur, à la charge par ladite dlle de lui rembourser les dettes passées qu'il a acquittées pour l'hoirie de ladite Gamonnet

ladite dlle Marie Durand qui avait ignoré jusqu'à présent le testament de son père prétendait de l'attaquer et de le faire casser par des moyens de captation et de suggestion pratiquées par ledit Astruc envers ledit Durand et par des autres nullités qu'il renferme, et de se faire maintenir aux biens de sondit père avec restitution des fruits depuis son décès, lesquels biens ledit Astruc a d'autant moins de raisons de lui contester que, quand même ledit testament serait valable et viendrait à être confirmé ledit Astruc serait obligé suivant ledit testament de les lui remettre et délaisser si elle vient comme elle l'espère à obtenir sa sortie et sa liberté de la Tour ; qu'en tout événement elle était fondée à demander un sixième des biens de sondit père et les intérêts ou fruits d'iceux depuis son décès

à quoi ledit Astruc répliquait qu'il n'avait pas à craindre de la cassation dudit testament et soutenait qu'en expédiant à ladite dlle Marie Durand le sixième des biens de sond. père avec les fruits comme il était résolu de faire il devait être maintenu au surplus desdits biens

desquelles demandes et prétentions et de toutes les suites et dépendances l'un et l'autre duement informés de la force des transactions passées entre personnes libres et majeures, ont de leur gré et libre volonté transigé convenu et accordé ce qui suit :

En premier lieu ledit Astruc s'est désisté et désiste, departi et depart de l'utilité du testament fait en sa faveur par led. sr Estienne Durand le susdit jour treize Novembre 1748, voulant qu'il soit de nul effet et comme non avenu et que lad. dlle Marie Durand sa fille jouisse et possède la propriété, les fruits tant des biens qu'il a laissés que ceux de lad. Gamonnet sa mère à commencer le 25 Mars 1762.

En second lieu, en payement de la somme de 969 livres 12 sols que led. Pierre Astruc avait payé à l'acquit dud. Estienne Durand et de lad. Gamonnet, savoir à sr. Mathieu Riou quatre cents livres, à Jacques Pourcheyron cent vingt livres, à sr. Paul Lamande trois cent septante livres, au sr. Ladreit de la Charreyre quarante cinq livres, et à Pierre Gounon trente-quatre livres douze sols, ensemble pour quelques arrérages de taille, de rente antérieurs au testament dudit sr. Durand qu'il a payés à M. Esclosas curé de Pranles comme ayant-droit de prieur de la paroisse, et au seigneur de Montbrun et pour les frais d'une reconnaissance consentie au seigneur de Gerlande, comme aussi pour les intérêts de lad. somme d'environ cinq ou six cents livres qui reste due à divers créanciers des hoiries dud. Durand et de lad. Gamonnet qu'il a payés et qu'il payera jusques aud. jour 25 Mars 1762, et en fera être quitte lad. dlle Marie Durand, réparations qu'il peut avoir faites tant aux biens dud. Durand qu'à ceux de lad. Gamonnet et généralement pour tout ce qu'il peut avoir payé à la libération de leurs hérédités,

ladite dlle Durand lui cède et le quitte de la restitution des fruits et revenus des biens dud. Durand et de lad. Gamonnet qu'elle lui demandait, de même que de la pension de vingt livres à elle faite par sond. père dans le susdit testament, et en outre elle lui cède encore les revenus et fruits desdits biens c'est-à-dire de ceux qu'il jouit actuellement jusqu'aud. jour 25 Mars 1762 de même que la récolte en grains qu'il aura alors ensemencée auxdits biens ; et enfin elle lui a payé de ses deniers en espèces de cours et en notre présence et desd. témoins la somme de trois cent cinquante livres que led. Astruc a retirée, et moyennant ce, led. Astruc a quitté et quitte lad. dlle Marie Durand tant de la somme de 969 livres 12 sols que des susdits arrérages de rente, ensemble de la reconnaissance réparations et généralement de tout ce qu'il a fourni et payé à l'acquit des hoiries dud. Durand et de lad. Gamonnet, et s'oblige de la faire être quitte envers les créanciers qui restent à payer des intérêts qui leur seront dus jusques aud. jour 25 Mars 1762.

En troisième lieu led. Astruc s'oblige de renoncer et délaisser au susd. jour à lad. dlle Durand une cuve vinaire, deux arches fermant à clef et une crémaillère qui sont dans la maison de sond. père avec du bétail qu'il y avait trouvé après le décès dud. Estienne Durand au montant de la somme de 263 livres suivant l'appréciation qui en sera faite par des experts ménagers, ensemble il promet de lui délivrer à la récolte de lad. année 1762 quatre cestiers seigle, six quartes trémois, cinq quartes froment, un cestier d'orge, une quarte deux quartières de vesson, une quarte de pois blancs, une quarte trois quartières de légumes appelés geisses brunes, deux quartes haricots, quatre quartières d'autres légumes appelés cèzes, une quarte de meil noir, une quarte graine de chanvre quatre cestiers d'avoine, trois quintaux de pommes de terre et une chardée ou de la payer à son choix au prix d'un écu, et d'entretenir jusqu'alors lesd. biens comme il l'a fait pour le passé sans aucune dégradation ni dépopulation d'arbres.

En quatrième lieu led. Astruc s'oblige de rendre à lad. dlle Durand les quittances de taille, censes, le vingtième desdits biens depuis le décès dud. sr. Durand jusques aud. Jour 25e Mars 1762 et de l'en faire être quitte.

En cinquième lieu led. Astruc s'oblige de rendre à lad. dlle réquisition ou procédure qu'il avait fait faire d'authorité des cours et... de Villeneuve-de-Berg contre Estienne Vabres à l'occasion des dégradations qu'il avait faites aux biens dud. sr. Estienne Durand et de lad. Gamonnet, ensemble les autres papiers contre led. Vabres qui se trouvent entre les mains de Me Esclozas l'aîné de Chalancon à condition que lad. dlle Durand payera ce qui sera dû aud. Me Esclozas au-delà de la somme de quarante cinq livres qu'il a reçue dud. Astruc à raison des poursuites qu'il a faites à son nom ou dud. feu Estienne Durand contre led. Vabres.

En sixième lieu il a été convenu que lad. Anne Durand ne pourra rien demander aud. Astruc du légat de 600 livres à elle fait par led. sr. Estienne Durand son aïeul, non plus que des intérêts, sans préjudice de répéter le tout sur sad. tante.

En septième lieu il a été convenu que lad. dlle Durand pourra retirer, si elle a droit, dès à présent ou quand bon lui semblera les autres fonds de terre ayant appartenu à sesd. père et mère qui sont jouis et possédés par d'autres particuliers, à quel titre que ce soit sans que led. Astruc n'y puisse rien prétendre du passé ni pour l'avenir.

Et finalement il a été encore convenu que si led. Astruc vient à payer les capitaux qui restent dus par les hérédités dud. Durand et de lad. Gamonnet lad. dlle Durand sera tenue de les lui rembourser avec les frais des quittances qui lui seront données et les intérêts à compter depuis led. jour 25e Mars 1762, ayant été chargé ci-dessus de les payer jusques alors, déclarant ladite dlle Anne Durand que led. Astruc lui a remis les papiers concernant lesdites hérédités qu'il avait à son pouvoir, ensemble deux simples mémoires non signés du bétail et semences des biens en question baillés par led. Astruc à André Astruc avec un extrait du bail à ferme desd. biens qu'il lui avait passé devant led. Me Barruel le 13 novembre 1748, de tout quoi il se décharge.

Et ainsi lesdites parties ont voulu, promis d'observer et exécuter chacune comme convenu sous obligation d'iceux biens qu'ils ont soumis aux rigueurs de justice et par exprès au.. présidial de Nîmes et conventions y-réunies.

Fait et récité dans notre étude au lieu et paroisse de Saint-Pierreville en présence de Me Jean Garinc receveur des droits du contrôle du Bureau dud. lieu, le sr. Jacques Delarbre, paroisse de Gluiras soussignés avec lad. dlle Durand, led. Astruc étant illitéré de ce enquis.

Anne Durand, Delarbre, Garinc
Reymondon, notaire gradué.

Contrôlé à Saint-Pierreville le 29 Juillet 1760. Reçu dix livres cinq sols sans préjudice de plus grands droits. Garinc.

Pierre Astruc fit « insignuer » le testament le 11 mai 1749, quatre mois après le décès d'Étienne. La pièce de l'enregistrement dit : Testament de sr. Étienne Durand, héritier Pierre Astruc son petit-neveu, grevé de rendre les biens-fonds, de valeur de la somme de mille livres, passé devant Me Barruel, notaire à Privas. »

On pourrait se demander si les intérêts de Marie ont été bien défendus par Anne, ou si celle-ci manquait d'expérience. La présence de l'oncle Brunel, de Craux, tout près de Saint-Pierreville et où Anne habitait en attendant de s'installer au Bouschet, n'eût-elle pas été nécessaire le jour des arrangements avec Pierre Astruc ? Il est vrai que la valeur de mille livres déclarée pour les biens hérités confortait la position d'Astruc. Comment cette évaluation avait-elle été obtenue ? L'accusation portée par Marie aurait-elle quelque fondement ? Malgré l'état de la propriété, cela semble avoir été une nette sous-estimation. Au cours de sa détention à Montpellier, Pierre Durand aurait déclaré au convertisseur Barbe : « Ma femme a un peu de biens, et je suis héritier de huit à dix mille livres » ; il aurait dit aussi : « J'ai été élevé à la profession de notaire ». Mais les rapports de Barbe, rédigés dit-on par d'autres que lui, sont sujets à caution. D'autre part, d'après Louis Aurenche, le domaine sera évalué à onze mille six cent soixante livres en l'an XII, après réparations sans doute mais aussi après vente d'une partie à J.-J. Bévengut. Pierre Astruc était nettement en dessous de ces déclarations. Peut-être Étienne avait-il eu des raisons pour y consentir.

On remarque en outre la dette de quatre cents livres à Mathieu Riou de Jarjat : dans sa lettre à Anne du 22 juin 1751, Marie affirme que cette obligation a été signée à Riou par Étienne Durand en faveur de Pierre, donc avant 1729, et que cent livres seulement ont été remises au pasteur. Les affirmations d'Astruc signifient qu'Étienne Durand n'a pas récupéré son obligation et que son légataire aurait payé les trois cents livres restantes bien qu'elles ne fussent pas dues. Où est la vérité ?

Cet exemple nous permet de bien comprendre quel pouvait être l'imbroglio créé dans les patrimoines. Les Durand en ont été de notables victimes ! Ce n'était pas fini pour Marie et pour Anne.

Notons enfin, au passage, qu'Astruc aurait payé des arrérages de rente au curé Esclozas qui, on s'en souvient, n'était pas un ami de quelques habitants de Pranles, comme ayant-droit de prieur de la paroisse, ce qui signifie que non seulement le curé arrivait à prélever sa rente sur les protestants, mais encore qu'Étienne Durand la payait mal ou pas du tout.

Le curé Esclozas a noté dans son registre, avec huit mois de retard, son décès en ces termes : « Estienne Durand âgé de quatre-vingt-douze ans et quatre mois environ est décédé au lieu du Bouchet paroisse de Pranles le dix-huitième jour du mois de janvier mil sept cent quarante-neuf, et a été enterré au lieu du Bouchet dans son chenevier qui est derrière Reyné Durand son frère, en présence d'André, Jean et Jacques Bévengut, père et fils sous-signés et d'Alexandre Gounon aussi soussigné. »

Suivent deux signatures : A. Bévengut, Gounon, mais pas celle du curé.

Telle fut l'extraordinaire destinée de cet homme marquée par les malheurs mais aussi par le courage, la constance et une foi qui, à travers les vicissitudes du temps, ne s'est jamais démentie. Depuis les jours de sa jeunesse où il vit interdire puis détruire son temple et où il s'habitua avec d'autres à monter à Ajoux pour y bénéficier de l'enseignement du pasteur Reboulet, depuis les jours où, jeune marié, il franchit, avec Claudine, les étapes d'espoir et de désillusion jusqu'à la terrible dislocation de 1719, il marcha avec les siens dans la voix pacifique du huguenot fidèle, respectueux de son roi dont il ne voulait pas désespérer, mais qui devait aussi et d'abord obéissance à Dieu, ayant trouvé peut-être dans l'enseignement de Brousson et ses conseils aux fidèles la seule façon de ne pas se résigner quand on ne pouvait et sans doute ne voulait ni s'exiler ni participer aux insurrections ; malgré cela on le trouvait dangereux et on ne pouvait lui permettre de vivre en paix chez lui. Puis, à partir de l'assemblée surprise, privé vraisemblablement de son épouse et de son fils, au bout de réflexions sans doute longues et douloureuses, il finit par admettre que le temps de la fidélité discrète était en train de finir et qu'il fallait, sur les traces de Pierre, prendre des positions plus affirmées. C'est pourquoi il n'a pas désavoué son fils, malgré le chemin difficile où celui-ci s'était engagé et le tribut terrible que sa famille a dû payer ; au contraire il l'a donné en exemple.

Cet homme qui était instruit a joué également un rôle irremplaçable dans sa paroisse comme expert, comme greffier, mêlé à tous les événements civils, à tous les problèmes de la vie de tous les jours. Par quelle aberration pouvait-on avoir l'idée de priver une communauté locale de la présence de gens comme lui, qui étaient les garants du renouvellement matériel et intellectuel, comme on en voit encore quelques-uns dans nos modernes communes et paroisses campagnardes, malheureusement désertées maintenant dans beaucoup de cas, faute de moyens d'existence ?

Avant d'essayer d'aller un peu plus loin, nous ne nous arrêterons pas sur la biographie de Pierre et de Marie, minutieusement étudiée par le pasteur André Fabre, mais il paraît indispensable, pour ne rien négliger, de ne pas laisser dans l'oubli le sort d'Anne, la fille du ministre, la pauvre enfant, celle que l'ancien proposant Lapra appelle Nanette en rappelant qu'il l'a portée dans ses bras pour lui faire franchir la frontière ; car sa vie fait partie des conséquences de l'engagement accepté et des sacrifices consentis ; elle a chèrement payé et, malgré cela, elle a été sévèrement traitée.

Oh ! l'opprobre encouru ! Quelle accusation lui a-t-on épargnée ? Nonchalante ! Mais considère-t-on comment elle a passé sa première enfance et sa jeunesse, traquée, persécutée, mal soignée au début. « La fille, quoiqu'elle ait ses deux ans le 15 de ce mois, ne marche pas encore seule. Elle a été si maltraitée par (sa nourrice) que, lorsque je la lui ôtai, elle ne se soutenait pas plus qu'un enfant de deux jours... Il y a lieu de craindre qu'elle portera la jambe un peu de travers... » avouait Pierre dans sa correspondance à sa femme réfugiée en Suisse avant les deux tout jeunes enfants survivants, qu'il cherchait pourtant à ne pas inquiéter.

Paresseuse ! en particulier lorsque rentrée en France après presque trente ans d'exil elle trouva du travail dans une famille à Nîmes. Mais Rabaut disait qu'il faudrait qu'elle fût bien parfaite pour satisfaire tous les parents de la petite dont elle s'occupait (à Chiron le 8 juin 1759). N'est-ce pas elle, en réalité, qui va se charger de débrouiller les affaires de la famille avec Pierre Astruc, avec Étienne Vabres, et qui arrivera, en payant de ses deniers, à récupérer le patrimoine.

Ingrate ! elle a dépouillé Marie qui a tant fait pour elle ! Mais Anne, une fois mariée, était-elle libre de gérer elle-même ses propres biens et d'en disposer, le mari étant « vrai seigneur, maître dotal et procureur » ?

Intéressée ! dès la mort de Marie elle se hâte de tirer sur Jacques Blache, l'héritier, la lettre de change de 1 200 livres que Cazeneuve était arrivé à imposer à la tante ! Mais pourquoi pas ? Jacques Blache devait payer ce qu'il devait. Et puis sait-on ce qu'elle avait pour vivre ? on va le voir dans un instant.

Renégate surtout ! Imaginons-la en 1765, seule au Bouschet, comme Marie autrefois. Elle a trente-cinq ans passés ; elle croit qu'elle n'aura plus jamais l'occasion de se marier et restera seule dans une maison vide. Jean-Claude Cazeneuve, de Saint-Jean, juste à côté, bourgeois aisé, est veuf ; il avait un fils, mais celui-ci est mort ; il ne lui reste qu'une fille et encore, dans l'héritage, il lui préférera un cousin et une filleule, fille de celui-ci ; il lui faudrait bien un garçon. Anne est enceinte : affolement à mesure que la date approche ; pour finir rebaptême, mariage, naissance, le tout en seize jours. Ce n'est qu'une fille : elle s'appelle Marianne, le prénom de sa mère et celui de la tante réunis ; est-ce simple hasard ? Pour un garçon, on aurait pris garde ! L'enfant meurt à douze jours (obiit die XII°). Une autre naissance ! C'est un garçon ; pour parrain il aura « noble Charles Philippe Klick, officier major de la légion de Soubise », et s'appellera Charles-Philippe. Cela vaut bien un testament favorable à la mère. Las ! l'enfant meurt aussi.

Cazeneuve a fait au moins trois testaments : dans le premier il accordait à Anne son épouse, si elle lui survivait, l'usufruit de ses biens ; dans un codicille de 1771 il ne lui accorde plus qu'une rente annuelle de cent livres, six cestiers seigle, trois cestiers froment, une pièce meublée dans la maison, du bois de chauffage, des « herbes potagères au jardin » et le produit d'une chèvre et de quatre poules ; c'était encore trop, dans la troisième version, le 15 mars 1776, trois jours avant sa mort, il ne lui laisse plus en tout et pour tout qu'une rente annuelle de quarante-huit livres, sur laquelle elle devra payer la somme de deux cent vingt-neuf livres formant la moitié de cinq cent cinquante-huit livres (sic) dues à demoiselle Félise Michel épouse d'un négociant de Privas, ce qui équivaut à plusieurs années de la rente, non compris les intérêts ; plus six cestiers de seigle, la chambre moins explicitement meublée ; il n'est plus question du froment, ni des herbes potagères, ni du lait de chèvre, ni des œufs de poule. La filleule, elle, nièce de la première épouse, recevait trois mille livres à condition de faire un mariage « sortable à son état », conforme au vœu de son père ou de ses ayants-droit, clairement indiqués et précisés. L'héritier était du lieu du Mas, paroisse de Serres. Anne était dépouillée à peu près entièrement.

Pour terminer cette histoire il faut ajouter qu'elle vivait encore en 1784, date d'un acte notarié qu'elle signe avec Jacques Blache. Son acte de décès n'est pas inscrit dans les registres officiels de la République, à partir de 1792 ; elle est donc morte vraisemblablement entre 1784 et 1792 ; son nom pourrait être dans les registres mortuaires de la paroisse de Pranles. Eh bien ! il n'y est pas. Qui dira jamais ce qui s'est passé dans sa conscience ?

Marie ne lui a pas jeté la pierre, s'inquiétant de sa santé. Qui oserait le faire ? Anne ne doit pas être séparée des siens ; elle a été malheureuse toute sa vie ; mais l'éventualité d'un tel destin était inscrite pour toute sa famille dans l'engagement pris par Pierre, accepté par tous d'abord confusément, puis explicitement par Étienne et Marie.

La cheminée de la maison des Durand au Bouschet de Pranles.

IV

L'esprit qui les fit vivre

Maintenant, quand nous venons au Bouschet de Pranles et que nous y rencontrons des visiteurs venus des quatre coins du monde, nous mesurons la chance que nous avons eue d'avoir dans l'Église et jusque dans nos montagnes des hommes qui, par des livres, par des commémorations, par des conférences et des expositions, nous ont appris notre histoire oubliée, conscients que la foi est une plante fragile qui a besoin de ses racines surtout dans les époques de transplantation comme la nôtre. C'est ici un lieu où l'on retrouve des racines toujours vivantes auprès de la famille Durand et de ceux qui les entouraient. Qui sont-ils donc pour nos contemporains ?

Voici d'abord Marie ; c'est par elle qu'il faut commencer ; c'est elle en général que le visiteur vient chercher, elle ouvre la porte ; c'est elle qui nous l'a ouverte, à nous gens du pays, il y a plus de soixante ans quand déjà nous nous rendions au Bouschet une fois par an, à l'invitation de nos pasteurs, en particulier Pierre Bourguet ; nous allions « à la Maison de Marie Durand » en chantant des cantiques de Réveil. Autour du Bouschet, on vit apparaître des panneaux indicateurs, très discrets, « Maison de M. Durand » dont s'étonnaient les passants peu avertis.

Elle a toutes sortes de façons d'ouvrir la porte ; ce furent d'abord ses lettres que des publications firent connaître peu à peu ; mais ce sont maintenant des moyens plus modernes. La compagnie de la Marelle a présenté un peu partout, il y a quelques années une pièce de théâtre intitulée *La Durand*, comme on disait à la Tour, où se rencontraient dans un raccourci intense qui prenait quelques libertés avec la chronologie, trois prisonnières, celle que la prison rendait folle, celle qui songeait à abjurer, qui abjura effectivement et fut libérée mais n'en mourut pas moins non catholique, et qui, bien entendu, n'était pas la moins dramatique car les personnages partagés et torturés sont souvent les meilleurs héros de théâtre, et Marie qui ressemblait à certains portraits sévères qu'on a faits d'elle. Et puis il y a eu 1985, et alors Marie est devenue l'héroïne des films qui nous ont été présentés à cette occasion et qui ont beaucoup contribué à la faire connaître du grand public et à lui donner l'envie d'en savoir davantage.

Qui était-elle pour devenir ce personnage médiatique, comme on dit maintenant ? Et que penserait-elle de cette célébrité ?

Elle fut d'abord la petite Marie au milieu de parents et d'amis qui devaient se cacher pour être ce qu'ils étaient ; elle connut les réunions secrètes, le guet, l'inquiétude le soir quand les chiens aboient plus fort, toutes les précautions à prendre. Est-ce pour graver son souvenir qu'un ouvrier a écrit le nom de « Marion » sur une tuile trouvée au Bouschet ? C'est peut-être tout simplement l'ouvrier qui s'appelait ainsi. Elle a joué et couru comme toutes les petites filles, mais la pauvreté et la souffrance furent son lot dès ses jeunes ans ; elle ne l'oublia pas, toujours prête à soulager les misères.

Fille d'Étienne et de Claudine par son attachement à sa terre, sa constance dans les épreuves, son espérance indéracinable, sa capacité de pardon aux persécuteurs, elle fut peut-être surtout et très vite sœur de Pierre si nous en jugeons par l'attention, l'admiration qu'elle porte à son frère : « Imite les vertus de ton cher père, qui se faisait aimer de tous ceux qui le connaissaient », écrit-elle à sa nièce Anne, celle qui est « l'enfant d'un martyr » ; et, dans les listes de prisonnières qu'elle a dressées, elle déclare qu'elle a été « prise pour avoir déféré au ministère de son frère ». Déféré ! A ce ministère elle a déféré, du fond du cœur, et de façon ouverte en ne faisant pas bénir son mariage à l'église de Pranles, malgré les peines encourues ; et puis par toute une vie de résistance. De Pierre elle partage, vingt ans après lui, même les préventions, sans doute excessives, à l'égard d'Isabeau Sautel tout en la soignant avec dévouement : « Ne crois pas que ta grand-mère te soit favorable un denier ; elle est de la dernière ingratitude, mais ne fais pas semblant. » (Lettre à Anne du 22 juin 1751. Pierre avait porté un jugement très dur sur Isabeau dans une lettre du 30 juin 1731).

Seulement, fille d'Étienne et sœur de Pierre, elle est devenue Marie, c'est-à-dire une personne avec son originalité et sa propre force qui feront d'elle au cours de son long séjour à la Tour de Constance, un soutien, un réconfort, un exemple pour les prisonnières, un interlocuteur pour ceux qui étaient chargés de l'anéantir. Son intelligence, sa fermeté et, disons le mot, sa culture, éclatent dès la première vraie lettre que nous ayons d'elle, écrite à Justine Peschaire de Vallon, et dans toutes les lettres qui ont suivi.

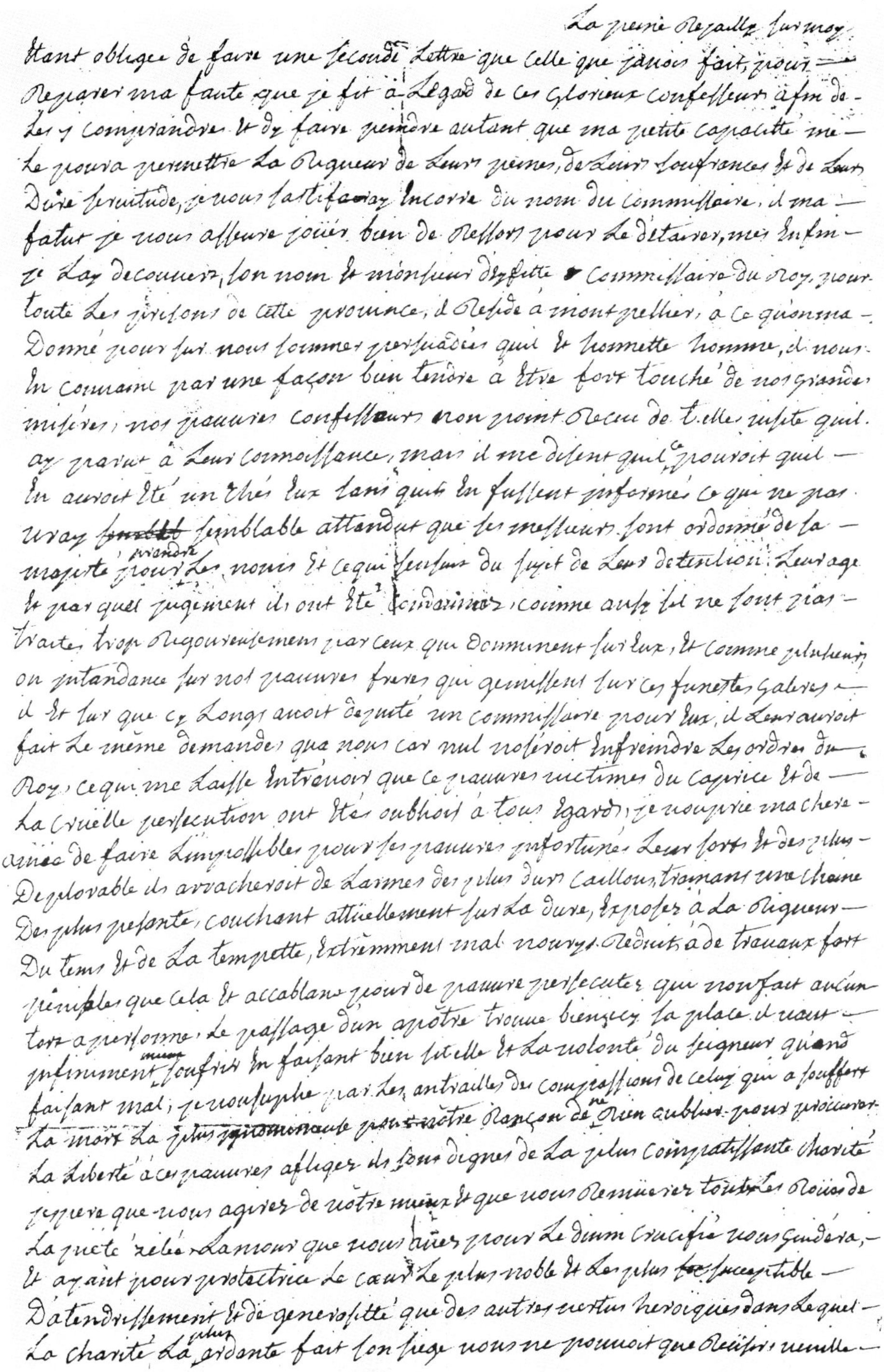

La presie Regallez sur moy

Etant obligée de faire une seconde Lettre que celle que javois fait, pour
Reparer ma faute que je fit à Legard de ces Glorieux confesseurs afin de
Les y comprandre Et dy faire prendre autant que ma petite capacitté me
Le poura permettre La Rigueur de Leurs peines, de Leurs soufrances Et de Leur
Dure servitude, je vous satisfairay Encorre du nom du commissaire, il ma
falut je vous assure jouer bien de Ressors pour Le détairer, mes Enfin
je Lay decouvert, son nom Et monsieur Dyfitte commissaire du Roy pour
toute Les prisons de cette province, il Reside à montpellier, à ce quon ma
Donné pour sur nous sommes persuadées quil Et honnette homme, il nous
En connaine par une façon bien tendre à Etre fort touché de nos grandes
misères; nos pauvres confesseurs non point Recu de telles visite quil
ay parut à Leur connoissance, mais il me disent quil se pouroit quil
En auroit Eté un chés Eux sans quils En fussent informés ce qui ne par
vray ~~sembl~~ semblable attandut que ses messieurs sont ordonné de la
majesté pour prandre Les noms Et ce qui [illegible] du sujet de Leurs detention, Leur age
Et par quel jugement ils ont Eté condamnés, comme aussi sil ne sont pas
traités trop Rigoureusement par ceux qui dominent sur Eux, Et comme plusieurs
on intandance sur nos pauvres freres qui gemissent sur ces funestes Galeres
il Et sur que cy Longs avoit deputé un commissaire pour Eux, il Leur auroit
fait Le même demandes qua nous car nul noseroit Enfreindre Les ordres du
Roy, ce qui me Laisse Entrevoir que ce pauvres victimes du caprice Et de
La cruelle persecution ont Etés oubliés à tous Egards; je voudrois ma chere
amie de faire Limpossible pour ses pauvres infortunés Leur sort Et des plus
Deplorable ils arracheroit de Larmes des plus durs cailloux, trainans une chaine
Des plus pesante, couchant actuellement sur La dure, Exposés à La Rigueur
Du tems Et de La tempette, Extrêmement mal nourys Reduits à de travaux fort
penibles que cela Et accablans pour de pauvre persecutés qui non fait aucun
tort a personne, le passage dun apotre trouve bien icy sa place il vaut
infiniment mieux soufrir En faisant bien sil Elle Et La volonté du seigneur quand
faisant mal; je vous suplie par Les entrailles des compassions de celuy qui a souffert
La mort La ~~plus ignominieuse pour~~ nostre Rançon de ne Rien oublier pour procurer
La Liberté à ces pauvres affligés ils sont dignes de La plus compatissante charité
jespere que vous agirés de vôtre mieux Et que vous Remuerés toutes Les Roües de
La pieté, zèle, Lamour que vous avés pour Le divin crucifié vous guidera,
Et ayant pour protectrice le cœur Le plus noble Et Le plus susceptible
Datendrissement Et de generositté que des autres vertus heroiques dans Lequel
La charité La plus ardante fait son siege nous ne pouvoit que Reussir veuille

La sollicitude de Marie pour les galériens
(extrait de la lettre de Marie Durand, de la Tour de Constance, le 29 mars 1759, à Savine de Coulet, Musée du Vivarais protestant).

Aux qualités de l'esprit et du caractère, elle a su ajouter celles du cœur, dévouement pour les prisonnières malades, consolations spirituelles, éducation et démarches pour les enfants vivant dans la Tour, souci des galériens, affection maternelle pour sa nièce jusque dans les déconvenues, foi inébranlable même dans les pires épreuves matérielles et morales et devant la tentation d'un reniement que les bourreaux auraient facilité et dont le moment le plus dramatique fut peut-être, comme M. de Falguerolles l'a montré dans le Bulletin de 1968, p. 200, la période de 1745 où on laissait miroiter une libération moyennant la promesse de s'abstenir de toute pratique religieuse extérieure de la religion protestante. En même temps, humanité profonde, expérience de la vie, enthousiasme et espérance qu'elle conservera dans ses rapports avec autrui, bref, sa « résistance » au sens le plus large du terme ; tout cela explique le rayonnement qu'elle répand autour d'elle. Plus que beaucoup d'autres, elle a découvert la dimension sociale de la foi, et c'est une raison qui attire vers elle beaucoup de nos contemporains. Sa prison même a favorisé l'éclosion et l'épanouissement de cette personnalité qu'elle portait en elle, car elle y a rencontré des personnes, amies ou ennemies, qui l'ont ouverte à son prochain, et elle s'y est heurtée à des obstacles qui lui auraient été épargnés dans une vie effacée de femme, même difficile, au Bouschet de Pranles.

Pourtant Marie s'étonnerait d'une telle notoriété. Elle s'efface devant le ministre et elle a sans doute raison de s'effacer. Le voici, Pierre ; il a onze ans de plus.

> « C'est un petit homme dont la physionomie est assez revenante. Il a de la douceur et de la modération, assez de feu et de vivacité. Quelque médiocre qu'on doive supposer qu'ait été son éducation, il ne laisse pas d'avoir des manières et de la politesse, et il ne manque ni d'esprit ni de capacité »,

disait Barbe qui le visitait dans sa cellule, ou ceux qui écrivaient pour lui. Il fit grande impression sur Corteiz dès leur première rencontre. Il a connu plus tôt que Marie les difficultés du témoignage de ses parents ; il a même vu mourir, avant la naissance de celle-ci, une autre petite sœur et un autre petit frère. Il supporte mal que l'un de ses oncles ne le trouve pas beau de visage et le traite de babillard, que tel autre parent conseille à son père de l'abandonner, qu'un de ses voisins le maudisse pour avoir chanté des psaumes et « pris les statuts du Seigneur en sa bouche pour les annoncer » ; il veut les confondre (Lettre du proposant à ses parents). C'est lui le grand homme de la famille ; il a conscience de sa valeur ; pour l'entreprise qu'il a projetée il faut une bonne dose d'assurance, ce

LES ACTES PASTORAUX DE PIERRE DURAND

— 1722-1732 —

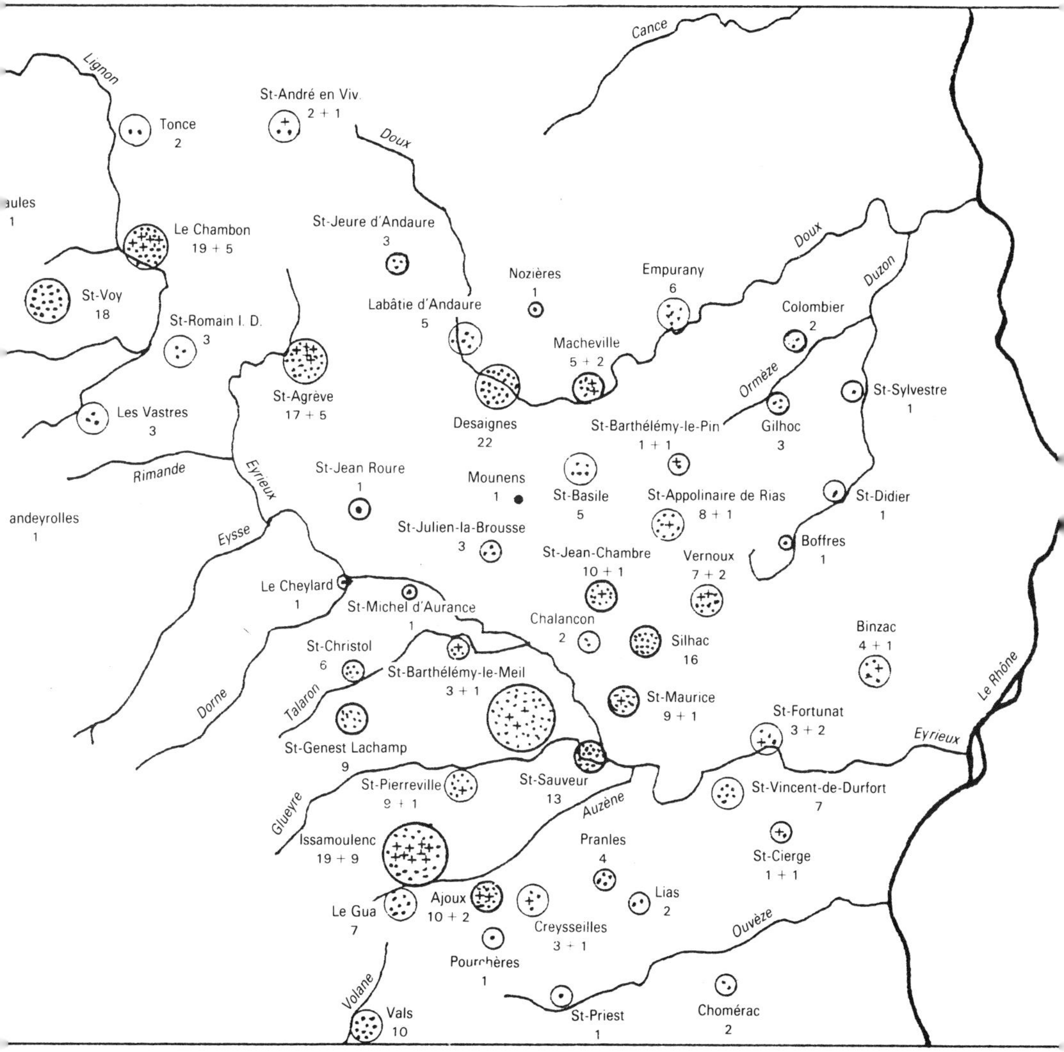

Il faut ajouter :

15 actes dont le texte est perdu
1 baptême à Nîmes,
1 baptême au Vigan.

LÉGENDE
Le territoire parcouru par Pierre Durand
. Mariage (premier chiffre)
+ Baptême (deuxième chiffre)
Les actes pastoraux sont notés au chef-lieu de paroisse le premier nommé.

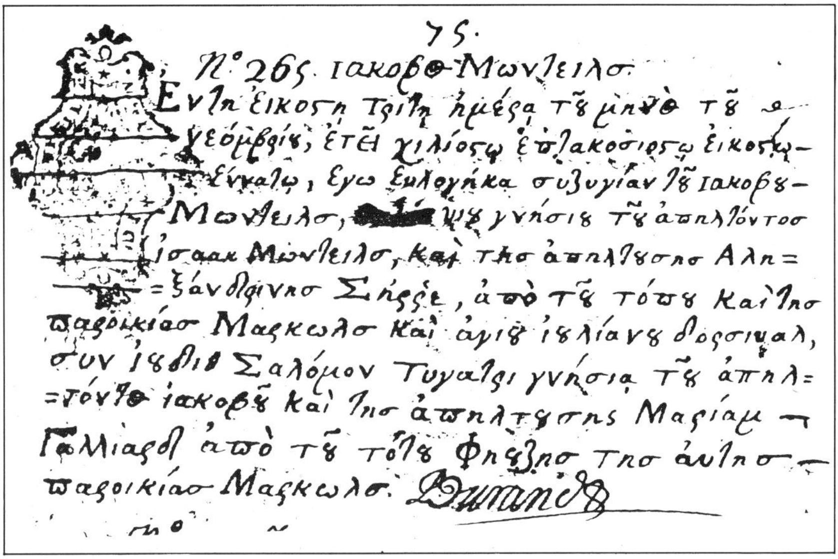
75.
N° 265. Ιακοβο Μωντειλο.
Εν τη εικοστη τριτη ημερα του μηνος του σε-
πτεμβριου, ετει χιλιοστω επτακοσιοστω εικοστω-
εννατω, εγω ευλογηκα συζυγιαν του Ιακοβου-
Μωντειλο, υιου γνησιου του απηλθοντος
Ισαακ Μωντειλο, και της απηλθουσης Αλη=
=ξανδρινης Σηρρε, απο του τοπου και της
παροικιας Μαρκωλς και αριου ιουλιανου δοσσιναλ,
συν Ιουδιθ Σαλομον Τυγαλρι γνησια του απηλ=
=θοντος Ιακοβου και της απηλθουσης Μαριαμ
Γομιαρδ απο του τοπου Φρεζης της αυτης
παροικιας Μαρκωλς. Durand

Page 75 du registre de Pierre Durand.
Acte de mariage rédigé en grec du prédicant Marteil.

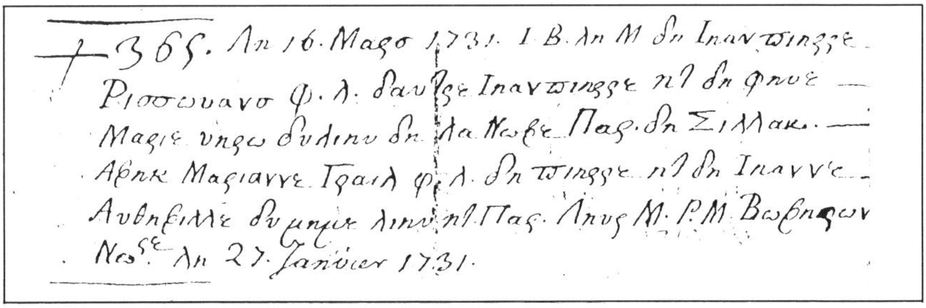
365. Λη 16. Μαρσ 1731. I B. Λη Μ δη Ιηαν πιηρρε
Ρισσουανο φ. λ. δαυτρε Ιηαν πιηρρε ετ δη φηνε
Μαριε Vηρω δυ λιηυ δη λα Ν. Παρ. δη Σιλλακ.
Αβηκ Μαριαννε Γραιλ φ. λ. δη πιηρρε ετ δη Ιηαννε
Αυτηριλλε δυ μημε λιηυ ετ Παρ. Λhυρ Μ. Ρ.Μ. Βωβηρων
Νοτε Λη 27 Janvier 1731.

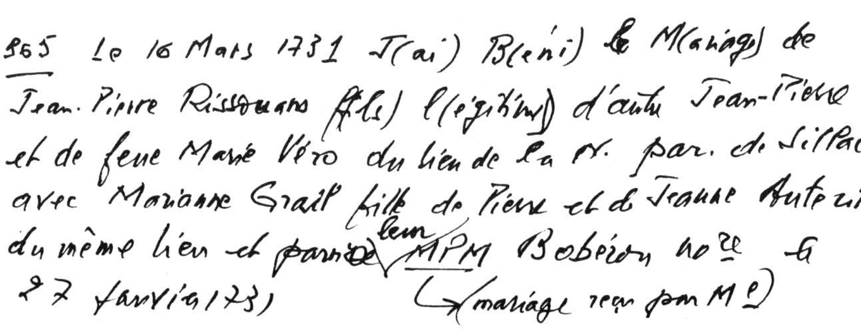
365 Le 16 Mars 1731 J(ai) B(eni) le M(ariage) de
Jean-Pierre Rissouano fil(s) l(égitime) d'autre Jean-Pierre
et de feue Marie Véro du lieu de la N. par. de Sillac
avec Marianne Grail fille de Pierre et de Jeanne Auterille
du même lieu et paroisse leur MPM Bobéron no(taire) le
27 janvier 1731 (mariage reçu par M.e)

Brouillon en lettres grecques et traduction.

qui ne l'empêche pas d'avoir conscience de ses insuffisances et de chercher à les combler, demandant sans relâche livres et conseils, dans ses lettres et en particulier à Court le 18 décembre 1721, et surtout le 21 avril 1726, avant sa consécration :

> « On ne connaît que cette vocation nous est adressée que par les talents et les vertus qu'on possède. Mais lorsque j'entre dans cet examen, je tremble. Et comment soutenir l'examen que les autres doivent exiger de moi puisque je ne puis pas répondre à mes propres questions ? »

Pourquoi continue-t-on à le moins bien connaître ?

C'est que Pierre est l'homme de l'ombre et du secret. Quelles études a-t-il faites au juste, à Pranles, puis à Privas quand il apprenait « la pratique » ? Est-il allé voir le pasteur Roger en Dauphiné, une fois, plusieurs fois, avant de partir pour la Suisse ? En Suisse, y est-il allé ? Par prudence, il a été obligé de le nier ; c'est pourtant l'évidence et son ami Rouvier l'a dit. Comment a-t-il appris à maîtriser le flot de la pensée et l'organiser pour parler aux foules ? Où a-t-il appris assez de grec ancien pour être capable de rédiger de façon assez correcte dans cette langue – et non pas seulement en lettres grecques – un acte de mariage, et vraisemblablement de lire de Nouveau Testament ? A-t-il visité la maison paternelle après son retour en Vivarais ? Sans doute pas souvent, mais plus qu'il ne le dit et que ne le dit son père ; il y recevait du courrier. On connaît maintenant, grâce à son registre d'actes paroissiaux, ses itinéraires et l'aire géographique de son activité : le bassin de l'Eyrieux, des deux côtés jusqu'à Saint-Fortunat ; le bassin du Doux, du moins dans sa partie supérieure ; le bassin de l'Ouvèze, surtout sur les hauteurs de la rive gauche ; Chomérac où il avait des parents dont l'un, encore en 1745, Paul Grel, était signalé comme recevant les ministres et leur servant de guide ; Vals où se trouvait un groupe important de protestants, certains venus d'Aubenas ; puis la Haute-Loire, le Chambon, Saint-Voy, Tence, et jusqu'à Araules où Corteiz avait un gîte d'étape lors de ses passages, et Chaudeyrolles. Mais comment vivait-il ? Où était-il accueili tous les soirs ? Lui est-il arrivé souvent de coucher à la belle étoile ? Il voyageait à cheval, sur autorisation du synode ; pourtant un cavalier est facile à repérer, le sabot du cheval résonne sur les chemins caladés, surtout la nuit ; le cheval hennit, mange sans cesse. Comment éviter que le courrier ne soit intercepté ? Tant de précautions pendant tant d'années ! Que de complicités resteront pour toujours ignorées !

Homme de l'ombre, il est aussi l'homme de douleur, celui par qui le malheur arrive, à sa mère à la suite de la nuit de la Combe de Navallet, sans doute pour le prêt de la cave et pour intimider la famille ; à son père, dix ans plus tard par représailles et pour contraindre le vieillard à pousser son fils à l'exil ; à sa sœur l'année suivante, parce que le père n'avait pas suffi et qu'elle marchait sur les mêmes traces : « par rapport au ministère de son frère, pour le seul sujet que son frère était ministre », disent les listes de prisonnières, plus de trente ans, trente ans ! après le supplice de celui-ci ; à sa femme pourchassée, menacée, démunie, obligée de se cacher elle aussi, de laisser ses enfants à des mains étrangères et qui n'ont pas toujours mérité confiance, exilée enfin après trois naissances en moins de deux ans ; à sa belle-mère arrêtée à son tour, un peu dans la même situation qu'Étienne Durand ; et à lui-même, acceptant dangers et privations, le sacrifice enfin, et portant sur lui la lourde responsabilité de les accepter aussi pour les siens.

C'est dans ses lettres à sa femme qu'on peut mesurer ses souffrances. Il lui écrivit le 12 octobre 1731, inquiet d'un long silence :

> « Je ne sais, en vérité, à quoi attribuer ce long silence. Il ne se passe guère des nuits sans que je ne fasse des songes sur votre sujet : tantôt que vous êtes joyeuse, tantôt que vous pleurez. J'attribue cela à l'inquiétude où je suis à votre égard. Mais il y a pourtant ceci de réel : c'est que, le jour, je pense à vous autant qu'en songeant, et même plus, et que je repasse bien des choses dans ma méditation. J'attribuais, pendant un temps, le retard de vos nouvelles au courrier ; mais à présent, cela ne se peut pas. Si vous étiez malade ou morte, je ne crois pas que M. Court ou M. Boyer ne m'écrivissent. Voudriez-vous me punir de ce que je restai, l'hiver dernier, quelque temps sans vous écrire ? D'un côté, vous n'êtes pas si cruelle. D'autre part, vous n'êtes pas si injuste pour me faire un crime de ce qui m'était impossible, à cause de la rigueur du temps, qui ne me laissait point trouver d'occasions pour faire jeter mes lettres à la poste. Aussi ce n'est pas cela, j'en suis assuré. Mais à quoi donc attribuer ce long silence si mortifiant pour moi ? Je vous assure que je n'en sais rien. Vous seriez-vous mise dans la tête de me faire un crime de ce que je n'ai pas été à Lausanne depuis que vous y êtes ! Hélas ! ma chère épouse, je ne doute pas que vous n'ayez langui et que vous ne languissiez de me voir auprès de vous ! Mais vous me feriez bien tort, si vous ne croyiez pas que je languis autant que vous pour le moins, et si vous attribuiez quelque chose de ce retard à une espèce d'indifférence. Vous savez combien je vous ai aimée, je ne dirai pas seulement depuis que Dieu nous a unis ensemble par la bénédiction que nous avons reçue dans son Église, mais même depuis le temps que j'eus la première pensée de vous épouser. Vous n'avez, à mon avis, jamais eu lieu de douter de ma fidélité ni de mon affection, et vous me devez cette justice que, s'il y a sur la terre un homme qui aime sa femme, je le suis. Ainsi, vous devez croire qu'il ne tient pas à moi que je ne vous aille voir, et que ce n'est pas sans souffrir beaucoup que je me vois séparé du cher objet de mon amour... »

Ce qui s'oppose à ses desseins, ce sont les dépenses du voyage, l'impossibilité de séjourner longtemps auprès d'elle, la présence de leurs enfants encore en France. Il continue en ces termes :

> « Tout cela doit vous faire entrer en raison si, par hasard, vous aviez eu quelque pensée là-dessus qui ne me fût pas favorable. Au reste, vous voyez que je vous parle de l'amertume que me donne votre silence, et de l'incertitude où je suis de la cause qui le produit ; car, au fond, ne croyez pas que je doute, le moins du monde, de votre affection envers moi. Vous m'avez toujours payé et surpayé l'amour que j'ai pour vous d'un juste retour. Vos affections m'ont toujours prévenu, et le passé m'est un fidèle garant pour l'avenir. Donnez-moi donc, s'il vous plaît, la satisfaction à laquelle je m'attends. Écrivez-moi à lettre vue [1]. »

En fait, c'est qu'une lettre s'était égarée, et le 24 octobre Anne Rouvier reçut la lettre de son mari et lui répondit, le jour même d'après ce que dit sa lettre, dans des termes tout aussi affectueux, dont voici quelques passages :

> Mon cher enfant,
> J'ai reçu votre lettre le 24 courant, datée du 12 du même mois. Si mon silence vous était ennuyeux, le vôtre commençait à ne me l'être pas guère moins ; car, hier au soir, on fut obligé de me dire plusieurs fois que j'étais une impatiente et que je devais me tranquilliser ; que peut-être vous ne pouviez pas faire davantage, mais à présent, il faut changer de langage et dire que c'est moi, hélas ! le puis-je dire ? Non, je suis toujours empressée d'avoir de vos chères nouvelles, pour vous faire un crime de ce que vous restâtes quelque temps sans m'écrire. Je n'en ai jamais eu la pensée, et je suis toujours la même à votre égard, et je le serai toute ma vie. Je ne doute nullement que vous n'en soyez de même, et que vous ne souhaitiez avec bien d'ardeur de me voir ; mais il faut que je me justifie, afin que vous ne m'accusiez plus. Accusons plutôt, mon cher enfant, le bureau... Vous voyez que je n'ai jamais tardé à vous répondre et que j'avais autant de sujet d'être inquiète comme vous ; je suis très mortifiée que ma lettre se soit perdue.

Ensuite elle donne des nouvelles à son mari, l'entretient de diverses démarches qu'elle a faites, de sa situation et de sa santé, le prie de saluer ses amis ; elle lui parle aussi de ses occupations, en particulier de l'étude de la musique qu'elle a commencée ; elle souffre de leur séparation :

> « Je serai encore obligée de passer l'hiver sans vous mon cher enfant ; que je trouve ce temps long, Grand Dieu, veuille l'abréger »

1. A la SHPF, Papiers Chiron 358. III. – Photocopie au Musée du Vivarais Protestant.

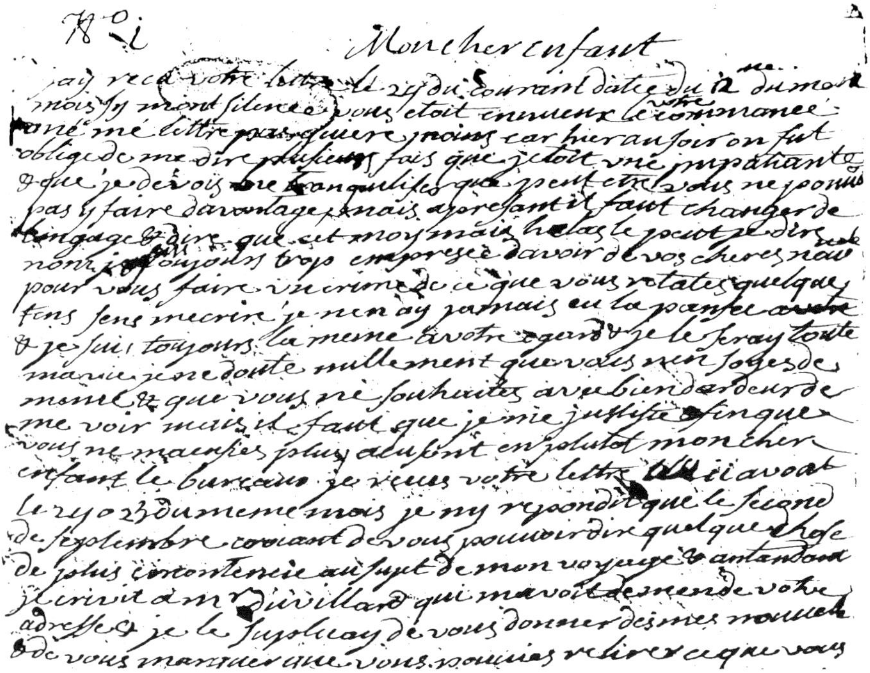

N° 1 Mon cher enfant

j'ay reçu votre lettre le 25 du courant datée du 12 du mois
mois j'y mont silence vous etoit ennuieux le commencé
une ne lettre par quelque moins car hier au soir on fut
obligé de me dire plusieurs fois que j'etoit une impatiante
& que je devois etre tranquille que peut etre vous ne pouvés
pas y faire davantage mais a presant il faut changer de
langage & dire que cet moy mais helas le pourrait je dire
non j'ai toujours trop empressée d'avoir de vos cheres nouv
pour vous faire un crime de ce que vous restates quelque
tems sens mecrire je n'en ay jamais eu la pansée avant
& je suis toujours la meme a votre egard & je le seray toute
ma vie je ne doute nullement que vous n'en soyes de
meme & que vous ne souhaitez avec bien d'ardeur de
me voir mais il faut que je me justifie afin que
vous ne m'accusiés plus d'aucun tort en plutot mon cher
enfant le bureau je receus votre lettre qui avoit
le 1? o 23 du meme mois je n'y repondit que le second
de septembre croiant de vous pouvoir dire quelque chose
de plus contentement au sujet de mon voyage & antandant
j'ecrivit a m. Juvillard qui m'avoit demendé votre
adresse & je le suplieray de vous donner des mes nouvell
& de vous marquer que vous vouliés retirer ce que vous

Début de la lettre d'Anne à Pierre
que celui-ci avait avec lui lors de son arrestation.

Le village de Craux (Saint-Étienne-de-Serres).
D'après divers témoignages, la maison Rouvier est dans le groupe de maisons à droite,
celle qui se trouve à gauche en bas du groupe.

et termine ainsi :

> « Adieu mon cher enfant ; le Seigneur te veuille conserver, te remplir de joie, te garantir de tout danger ; adieu encore une fois ; je suis sans aucune réserve toute à toi. » A. D. [2]

Homme de douleur, Pierre Durand le fut, certes. Mais homme intrépide malgré cela, ne craignant pas de braver les autorités, tout en ayant conscience du danger qu'il courait (« Mon pauvre père est toujours en prison, et je n'ose pas lever la tête trop librement », dit-il à Court le 2 juillet 1729), et de s'adresser à elles pour affirmer sa détermination, juger la bassesse de leurs procédés comme par exemple de s'en prendre à un vieillard, pour soumettre son fils, et pour les placer, comme lui-même, devant l'autorité du Juge Souverain, allant quelquefois jusqu'à une dure exigence, ou même l'incompréhension avec sa belle-mère dont il n'a pas pénétré ou admis les mobiles : le mari mort, un fils aux galères, une fille mariée à un hors-la-loi dont la tête est mise à prix, des enfants qui risquent de perdre leur patrimoine, des petits-enfants presque abandonnés, quelle mère accepterait de gaieté de cœur une telle situation ? Exigeant pour les autres, mais exigeant pour lui-même.

C'est cette intrépidité, cette confiance, cette exigence qui ont fait de lui le restaurateur des églises du Vivarais, comme Roger, Corteiz, Court et quelques autres le furent dans d'autres provinces. Sans revenir sur toute cette énorme activité pastorale, il est possible d'essayer d'en dégager les traits essentiels :

Passé le temps des espoirs fallacieux, des assemblées inorganisées, des batailles héroïques et malheureuses, Pierre avec une partie de la jeunesse sent le besoin de prendre des mesures nouvelles pour mettre sur pied, dans l'esprit des idées de Brousson, selon l'exemple de Court et comme Corteiz l'avait demandé lors de son passage l'année précédente, une organisation rénovée. C'est ce que signifie clairement la réunion de la Combe de Navalet, suivant à une semaine d'intervalle une autre réunion au même endroit, mais de style prophétique, livrée à l'inspiration, où s'était manifestée surtout la veuve Caton ; on allait prendre une direction nouvelle. Pierre Durand affirmera toujours, peut-être avec un peu d'ingratitude à l'égard des petits prophètes : « Nous avons purgé nos saintes assemblées du fanatisme ou prétendues inspirations immédiates et

2. Archives de l'Hérault. Dossier C. 201. Cette lettre était adressée à Monsieur Pintard, de la paroisse d'Issamoulenc en Vivarès. A Privas. Pierre avait noté sur cette lettre qui fut saisie dans ses bagages : « J'ai écrit à ma chère enfant le 5 janvier 1732 ». Lui-même écrivit un billet à Anne sous le pseudonyme de Pintard, à Mlle Pintard.

chassé ces folies du sein de notre corps [3] ». La suite normale en est, pour Pierre Durand et pour Pierre Rouvier l'exil en Suisse pour faire des études de théologie ; certes Rouvier n'a pas persévéré ; commencer des études à dix-neuf ans, ce n'est pas facile ; mais il n'est pas revenu pour renoncer, il comptait exercer un ministère de proposant (son dossier contient des études bibliques qu'il avait rédigées) ; peut-être était-il inquiet à cause de la mort de son père, peut-être avait-il d'autres raisons, gagnant rapidement le Constant près de Vernoux, où, accueilli par la famille Garnier, il fut dénoncé et arrêté, le malheureux. Pierre Durand a pu continuer, lui, et son premier souci a été, dès son retour, de réunir, sur le modèle de ceux du Languedoc et du Dauphiné, le premier synode du Vivarais, dont les dispositions essentielles furent l'adoption de la Confession de foi des Églises Réformées de France, l'obéissance au roi « sauf aux ordonnances qui pourraient être préjudiciables à la foi et à l'Église », l'enseignement du catéchisme, le refus des « prétendues révélations », le rétablissement des actes pastoraux protestants.

Par la suite Pierre n'a cessé de travailler, avec l'aide de Corteiz, de Court, de Rouvière, des anciens prédicants et des nouveaux proposants, mais sur son initiative et en responsable, à rétablir les paroisses, les synodes, les rapports avec le Languedoc et le Dauphiné, à préparer les jeunes au ministère pastoral. Combien d'énergie, de persuasion, de patience a-t-il dû déployer auprès des tièdes et des hésitants, auprès des anciens prédicants quelquefois indisciplinés et jaloux de leur indépendance et de leur zone d'activité ; auprès des parents qui voyaient avec inquiétude leurs jeunes garçons s'engager dans une voie difficile. Sait-on par exemple qu'entre 1722 et le milieu de 1726, c'est-à-dire jusqu'à sa consécration, il n'a signé que dix-sept actes pastoraux ? C'est dire en même temps l'importance que revêtait pour lui et pour les autres proposants la cérémonie de la consécration.

A cette entreprise il s'est donné corps et biens, au sens propre, déclarant au commandant La Devèze : « Si mon Sauveur veut m'appeler à signer de mon sang son Saint-Évangile, sa volonté soit faite », et, de façon moins dramatique, songeant, un peu avant son arrestation à « tirer quelque chose de la maison » paternelle, seulement pour subvenir aux besoins de son ministère et à ceux de sa famille.

Sur son travail proprement pastoral, enseignement biblique, prédication, cure d'âmes, nous avons surtout des témoignages extérieurs comme l'attachement et la sympathie qu'il inspire aux

---

3. *Lettre pastorale aux habitants de Privas*, J. L. Meynadier, Pierre Durand pasteur et martyr du désert, Valence, Combier libraire, 1864.

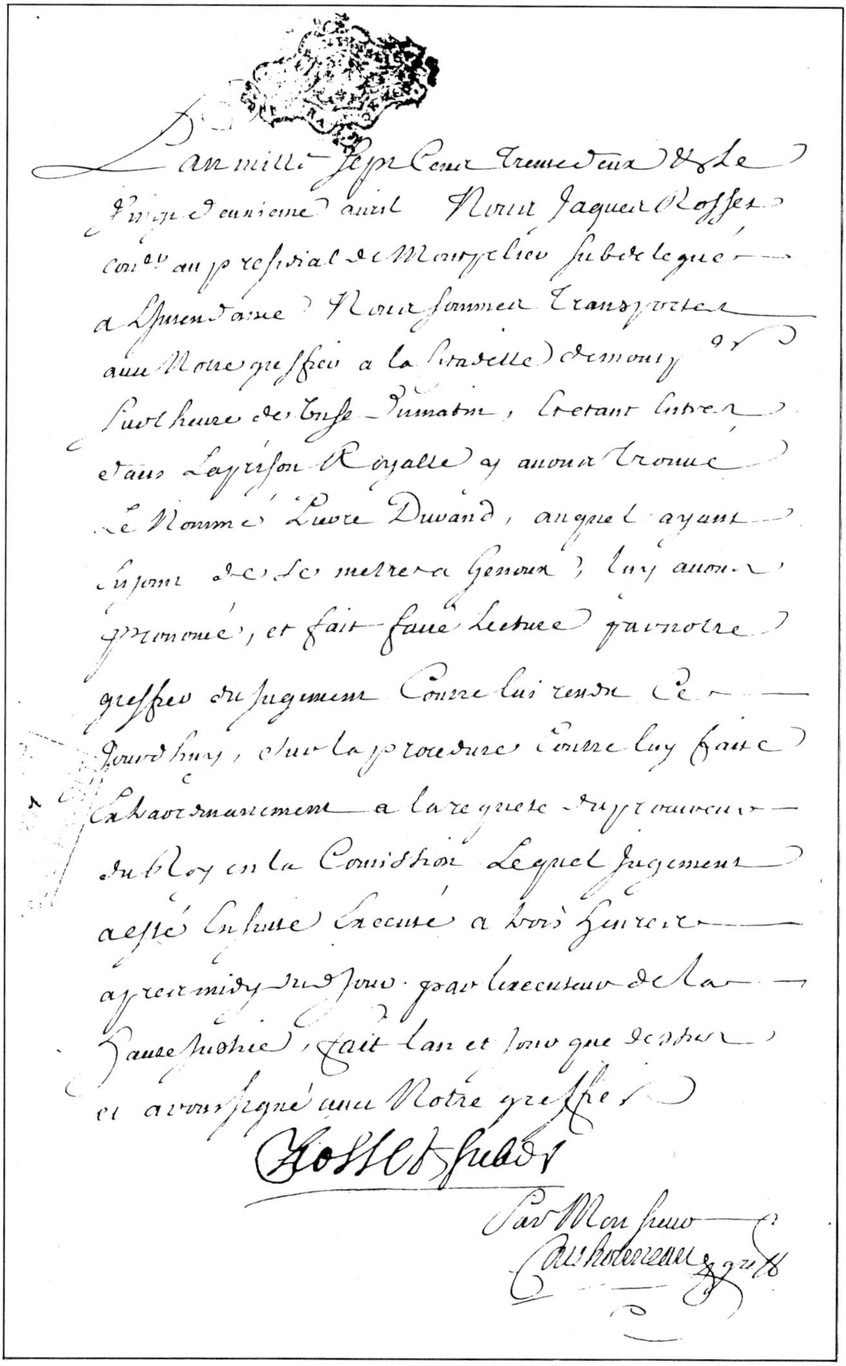

L'an mille sept cent trente deux et le
vingt deuxieme avril Nous Jaques Rosset
con[seill]er au presidial de Montpellier subdelegué
a l'intendance nous sommes transportés
avec notre greffier a la citadelle de montp[ellie]r
sur l'heure des onze du matin, et etant entrés
dans la prison royalle y avons trouvé
le nommé Pierre Durand, auquel ayant
enjoint de se mettre a genoux, luy avons
prononcé, et fait faire lecture par notre
greffier du jugement contre lui rendu ce
jourd'huy, sur la procedure contre luy faite
extraordinairement a la requete du procureur
du Roy en la Comission, Lequel jugement
a esté ensuite executé a trois heures
apres midy du jour par l'executeur de la
haute justice, fait l'an et jour que dessus
et avons signé avec notre greffier.

Rosset subd[élégu]é

Par Mon[sieu]r
[illegible] greff[ier]

Notification de sa condamnation à Pierre Durand.

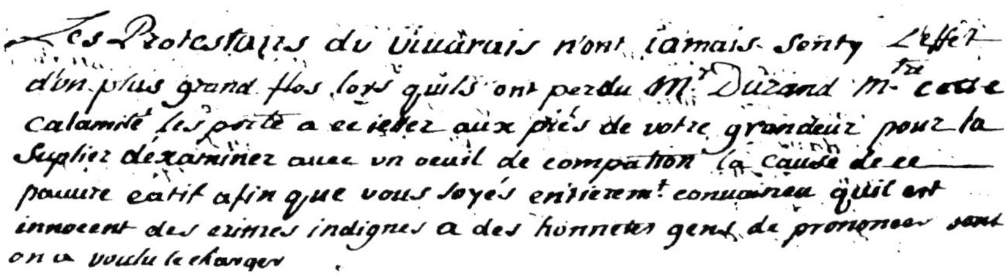

Les Protestans du Vivarais n'ont jamais senty l'effet d'un plus grand fleau lors qu'ils ont perdu Mr Durand Ministre cette calamité les porte a se jetter aux piés de votre grandeur pour la supplier d'examiner avec un oeuil de compation la cause de ce pauvre catif afin que vous soyés entierement convaincu qu'il est innocent des crimes indignes a des honnetes gens dont on a voulu le charger

Début de la lettre des « protestants du Vivarais » pour demander la libération de Pierre Durand.

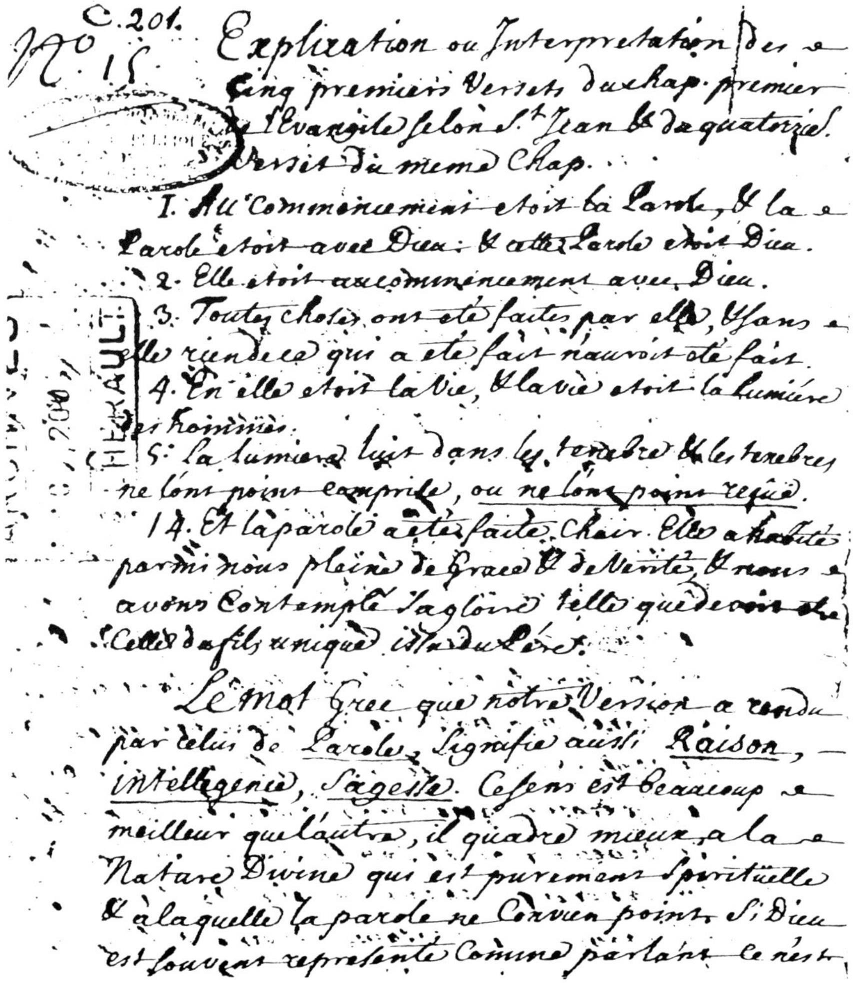

C. 201. No 15

Explication ou Interpretation des cinq premiers Versets du chap. premier de l'Evangile selon St Jean & du quatorzième Verset du même Chap.

1. Au Commencement etoit la Parole, & la Parole etoit avec Dieu : & cette Parole etoit Dieu.
2. Elle etoit au commencement avec Dieu.
3. Toutes choses ont eté faites par elle, & sans elle rien de ce qui a eté fait n'auroit eté fait.
4. En elle etoit la Vie, & la vie etoit la lumiere des hommes.
5. la lumiere luit dans les tenebres & les tenebres ne l'ont point comprise, ou ne l'ont point reçuë.

14. Et la parole a eté faite Chair. Elle a habité parmi nous pleine de Grace & de Verité, & nous avons Contemplé sa gloire telle que devoit etre Celle du fils unique issu du Pere.

Le mot Grec que notre Version a rendu par celui de Parole, signifie aussi Raison, intelligence, Sagesse. Ce sens est beaucoup meilleur que l'autre, il quadre mieux a la Nature Divine qui est purement Spirituelle & a laquelle la parole ne convient point. Si Dieu est souvent representé Comme parlant ce n'est,

HERAULT

Étude biblique trouvée dans la valise de Pierre Durand.

religionnaires exprimés par exemple dans la lettre écrite à La Devèze « au nom des protestants français » lors de son arrestation, qui déclare : « C'est un parfait honnête homme très propre à instruire et qui prêchait aussi bien par sa bonne conduite que par ses discours », et réfute les accusations calomnieuses portées contre lui. Même des catholiques le regrettaient : « Il est plaint de la plus grande partie des papistes, et quantité croient qu'il ne sera pas condamné à mort », dit Fauriel dans une lettre adressée à Boyer qui fait des études à Lausanne.

Nous avons aussi ses affirmations relatives à la discipline, les décisions des synodes prises souvent à son initiative, une copie d'extraits du catéchisme de Drelincourt laissée en 1726 au Bouchet d'Ajoux, ses lettres à divers pasteurs, son interrogatoire à Montpellier. Ce qui fait le plus défaut, ce sont des sermons, les paroles qu'il adressait à ses auditeurs, à ses catéchumènes ou à ses hôtes. Nous avons cependant le sermon de jeunesse qu'il envoya à ses parents en 1719 sous le titre « La promesse du Messie » [4], dans lequel il commente un texte de Deutéronome XVIII, 18 et 19 : « Je leur susciterai un prophète... » Ces pages mériteraient une étude approfondie. Tout en montrant une expérience un peu courte, limitation du sujet indécise, maladresses dans le maniement d'une rhétorique fraîchement découverte, inégalités de langue et de style qui laissent supposer des emprunts notables, ce sermon est très important pour toutes sortes de raisons. C'est bien Pierre Durand qui est là en bien des endroits avec son enthousiasme, ses idées, ses tours ; il indique, quelques mois seulement après le départ du Bouschet du futur ministre, une grande connaissance de la Bible et de la « doctrine » fondée sur la Confession de foi de La Rochelle, une étonnante capacité d'assimiliation des enseignements déjà reçus à Zurich, ou dans le Dauphiné, ou acquis au Bouschet dans les livres trouvés chez son père ou chez des amis, comme les « Sermons de Daillé », ou apportés par des colporteurs, ainsi qu'un engagement total dans la tâche que Dieu lui a confiée.

Il nous est précieux aussi par l'énumération des points que le jeune proposant tenait pour essentiels : la foi, la certitude que Jésus était le Messie promis, l'obéissance, la repentance et le regret des fautes, la prière, la reconnaissance à Dieu.

Au cours de longs développements, le jeune proposant se dégage avec peine de connaissances abondantes et diverses, bibliques surtout, de citations qui hantent sa mémoire ; mais, à mesure que le sermon avance, et surtout dans la troisième partie qu'il a cru traiter

4. Musée du Vivarais Protestant.

plus superficiellement, on le sent devenir lui-même, on note sa foi profonde, sa volonté d'instruire, d'édifier et d'encourager ses coreligionnaires désemparés. Il les invite à prendre pour eux-mêmes les avertissements de la parole, à « se corriger sans délai, à ne pas jeter les choses saintes aux chiens », à aimer « les prochains », à demander à Dieu de fléchir les orgueilleux, plutôt que de prendre les armes, à prier « avec attention, ardeur, humilité, confiance et persévérance ».

Certainement, avec de telles bases, l'expérience apprit par la suite à P. Durand toutes les qualités qui ne s'acquièrent qu'avec l'âge et le contact des hommes et des réalités. Ses lettres montrent l'affermissement progressif de sa pensée, de sa mesure, de son autorité.

Sa conviction intime et sa force de persuasion, nous les trouvons encore quelques années plus tard dans cet appel de sa lettre aux protestants de Privas :

> « Je veux tâcher de vous persuader et de vous convaincre de la vérité que je vous propose. J'aime à renvoyer ceux à qui je parle bien persuadés de ce que je leur dis. Je vous ai produit de bonnes preuves à la vérité, mais ce sont des preuves mortes. Il faut en produire de vivantes, de mouvantes, de parlantes, qui se présentent à vos sens intérieurs et qui vous rendent convaincus de ce que je dis. Venez, chers frères, venez nous voir ! Vous verrez dans nos assemblées de piété des personnes qui sont exposées aux mêmes difficultés que vous, qui ont des biens à perdre aussi bien que vous, mais qui préfèrent les richesses du ciel à celles de la terre, qui préfèrent Dieu à Mammon. Ils ont les mêmes ennemis à craindre ; mais ils se confient en la providence de Celui qui a dit : Je ne te laisserai point et je ne t'abandonnerai point... »

On pourrait encore ajouter ici quelques lignes d'une « explication et interprétation » des premiers versets de l'Évangile de Jean (I, 1 à 5, et 14) qui se trouvait dans les papiers de Pierre Durand lors de son arrestation, six pages écrites de la main du ministre [5]. Une indication signée par le substitut Rosset, « ne varietur », précise : « Durand reconnaît avoir copié led. écrit de sa main sur une feuille volante d'un écrit étranger qui lui tomba entre les mains. » Même si l'étude n'est pas de Pierre, elle nous éclaire sur la direction et le niveau de ses recherches. Après avoir précisé que le mot grec traduit par « parole » signifie aussi « raison, intelligence, sagesse » et que ce sens est meilleur, l'auteur commente verset par verset et conclut :

5. Archives de l'Hérault, dossier C. 201.

« On ajoutera une courte paraphrase afin qu'on voye d'un coup d'œil et sans pène la pensée de Saint-Jean. 1. Il y a une raison éternelle, une souveraine sagesse qui a été de tout tems. Cette sagesse a toujours été inséparable de Dieu, ou, pour parler plus juste, c'est Dieu lui-même. 2. Au commencement du Monde elle était avec Dieu qui ne fait jamais rien sans la consulter. 3. Et il se servit d'elle pour la Création de l'Univers. En effet, il n'y a point de créature où l'on ne voye reluire quelque trait de cette sagesse de sorte que sans elle les choses ne seraient point parvenues au point de beauté que nous admirons. 4. La Sagesse est la source de la vie et du vray bon-heur ; et non seulement cela, elle sert encore de lumière pour nous y conduire. 5. Cette lumière a surtout brillé dans nos jours, mais quelque capable qu'elle fût de dissiper les ténèbres de l'ignorance, les hommes aveugles ont mieux aymé s'égarer que de suivre les conseils d'une raison pure et éclairée. 14. Et si la sagesse divine a paru dans les ouvrages de la Création, on peut dire qu'elle n'a pas moins éclaté sous l'Évangile : elle s'est rendue sensible et palpable dans la personne de Jésus-Christ. Elle n'a cessé par son moyen de faire du bien aux hommes. Nous avons été les témoins des miracles qui ont été opérés par cette sagesse, et de la gloire dont Jésus-Christ a été revêtu, gloire plus grande que celle qui a paru dans Moyse et dans les Prophettes mais telle que devait être la gloire du fils unique de Dieu. »

Tout est dit par Pierre lui-même sur lui dans cette phrase qu'il écrit à Fauriel juste après son arrestation : « Dieu m'a donné la force de confesser ce que je suis. Je prie le Seigneur de me faire la grâce de finir mes jours en son amour et en sa crainte. »

Voilà ce que fut la résistance ouverte et assumée de la sœur et du frère. Mais c'était une relève et non un commencement ; il ne faut pas oublier les parents. Ceux-ci ont d'abord plié sous le poids de l'abjuration arrachée, mais en restant discrètement fidèles, non pas secrètement, car autour d'eux ils portaient témoignage, on les connaissait bien, même ceux qui ne partageaient pas leur foi ; et c'est pourquoi il serait déplacé de parler de « nicodémisme », on les respectait tant qu'on se taisait ou on les imitait, convaincus et pacifiques, réservés auprès des représentants de l'autorité civile ou religieuse, d'une fidélité entretenue par les espoirs de jours meilleurs en diverses circonstances, par le passage de prédicants, peut-être par les prophètes locaux, car Étienne n'a pas toujours partagé les idées de son fils sur les « fanatiques » (Pierre écrit à Court le 18 décembre 1721 qu'il faut « éclairer son père » sur les « nouvelles révélations, car il y est un peu ambigu, nonobstant tout ce que j'ai pu faire »), par les événements internationaux qui rendaient la surveillance plus ou moins pressante, par une pratique religieuse locale assidue et qui ne s'est jamais relâchée. Avant 1719, l'inspirateur c'était le père ; après ce sera le fils. Le père mettra un certain temps avant de comprendre ce qui s'était passé, mais son attitude au cours des années, son interrogatoire et la lettre de Brescou à Marie indiquent clairement qu'il partage désormais l'opinion de Pierre. Il y avait longtemps que les représentants de l'Intendant en étaient persuadés.

Ce tournant ne signifie pas du tout que la fidélité discrète des parents, qui était aussi une force de résistance, n'ait pas la même valeur que celle des enfants, bien qu'avec moins d'envergure ; il y a eu, en réalité, malgré la cassure apparente, une parfaite continuité et la seconde attitude n'est que le prolongement de la première, et sa conséquence ; il n'y aurait pas eu la seconde s'il n'y avait pas eu la première, et la première n'aurait pas abouti, sans doute, si la seconde n'avait pas, en temps voulu, pris la relève devenue indispensable. Ce sont deux temps du même combat, mais les mobiles et les buts sont les mêmes : refus de la destruction d'une foi sincère et profonde, personnelle et enracinée au cœur ; choix d'une vie religieuse indépendante de toute autre structure contraignante que la connaissance de la Bible et la mise en pratique de son enseignement ; soumission non à une Église ou à une institution religieuse, mais à la parole de Dieu et par là à Dieu lui-même.

Les moyens dont ils disposaient étaient faibles ; ils n'avaient avec eux aucun personnage important et informé. D'autres ont cru pouvoir mettre leurs espoirs dans une résistance violente ; Étienne Durand a manifesté à leur égard, discrètement, compréhension et sympathie, mais en regrettant les débordements et en déplorant massacres et destructions. Et Pierre, lors de son procès :

> « Interrogé pour quel sujet il avait des armes à feu, a répondu qu'obligé de marcher presque toujours dans la nuit il se servait des pistolets que nous lui avons représentés, pour n'être arrêté par les voleurs ; qu'il en faisait au fond si peu d'usage que, lorsqu'il fut arrêté, les pistolets d'arçon n'étaient point chargés, n'y ayant que le pistolet de poche qui fût chargé, et duquel il aurait pu se servir, s'il avait voulu, en lâchant le coup sur le soldat qui l'arrêta, et qui était un peu éloigné du détachement, mais qu'il ne croit point en conscience devoir tirer sur un soldat des troupes du roi et qui était commandé pour l'arrêter [6]. »

« Et voici, dit l'Évangile, un de ceux qui étaient avec Jésus étendit la main et tira son épée, il frappa le serviteur du Souverain Sacrificateur... Alors Jésus lui dit : Remets ton épée à sa place. »

---

6. Interrogatoire de Pierre Durand. Archives de l'Hérault C. 201.

Cette attitude fut celle de toute la famille Durand et dans laquelle ils se rencontraient avec les Brousson, Homel, Roger, Court, Corteiz : les parents, Pierre, Marie. Mais autour d'eux quelle foule : tous ceux que nous avons nommés lors des poursuites de 1704, des Bévengut, des Boisviel, des Terrasse, des Pagès, tant d'autres connus ou inconnus ; au-delà des horizons du Bouschet des liens secrets se sont tissés vers l'Eyrieux, vers Ajoux, Issamoulenc, Creysseilles, Craux, Serres, Gluiras, Chomérac, Vernoux, Saint-Agrève, le Chambon et partout jusqu'à Araules où se sont préparées les étapes du ministre dont nous retrouvons les noms dans son registre d'actes pastoraux.

Mais il y a beaucoup d'hésitants après une si longue privation de liberté religieuse, effrayés, surtout peut-être les plus proches, terrorisés par l'exemple des châtiments infligés aux Durand, à preuve le peu d'actes pastoraux accomplis par Pierre dans sa propre paroisse. Ils ont besoin de l'énergie inlassable de celui qui a voulu être consacré au service du Seigneur. Il a fallu qu'il y eût ici un éveilleur de consciences, un rassembleur, un homme assez dynamique, assez écouté des populations vivaroises pour reprendre, selon l'exemple venu du Languedoc et du Dauphiné, le projet de Brousson, pratiquement abandonné, de la reconstitution d'une église organisée, secrète encore certes par son enseignement et ses célébrations mais publiquement affirmée au moins par le refus des célébrations officielles et obligatoires, un rénovateur que d'aucuns trouvaient téméraire, engageant avec sa vie celle des siens, mais jamais désavoué par eux et même admiré en particulier par sa jeune sœur qui vécut assez longtemps pour voir les résultats et les développements de l'entreprise, et l'enrichir au milieu des malheureux et des victimes de la persécution.

Ce fut finalement l'attitude constante, à quelques exceptions près, de l'Église du désert, d'autant plus remarquable que des pasteurs continuaient à mourir, des hommes étaient envoyés aux galères ou au bagne, et des femmes en prison. Les Durand tiennent une large place parmi ses inspirateurs.

Maintenant ils sont tous réunis dans notre souvenir, comme des parents que nous sentons proches, non seulement par l'inextricable réseau des cousinages et des mariages, mais aussi par nos maisons qui n'avaient guère changé jusqu'à ces dernières décennies, les outils qu'ils nous ont laissés, les habitudes que nous avons gardées, notre langage même où nous reconnaissons le leur jusque dans ses archaïsmes et ses incorrections, notre genre de piété qui a gardé peut-être comme « un raidissement intérieur », selon un mot d'André Gide parlant des protestants cévenols et ajoutant « parce qu'on avait voulu les plier ».

Pourtant notre attachement ne s'arrête pas à ces détails superficiels, mais plutôt à des principes de vie qui les ont mis hors du commun en leur temps et pour toujours ; ils ont été les liens entre Brousson et le peuple protestant vivarois du XVIIIe siècle, et par là avec nous-mêmes. Leur fidélité religieuse ne s'est pas manifestée beaucoup dans les enthousiasmes éphémères que la délation et la répression transformaient parfois en désastres ; mais d'abord dans le silence et l'effacement, en même temps que dans la constance et la solidité, ensuite dans la recherche d'une organisation capable de regrouper le protestantisme disloqué.

Ajoutons que l'intérêt suscité par la famille Durand auprès de nos contemporains tient à des raisons qui dépassent le rétablissement du protestantisme. Il suffit de parcourir les pages du Livre d'Or du Bouschet pour en être assuré. Les visiteurs parlent de « retour aux sources », de « découverte du protestantisme », du « renouvellement », en eux-mêmes de la Foi, de « leçon de courage et de fidélité », mais aussi de « défense de la liberté religieuse, de la liberté de penser, de la liberté tout court (« un haut lieu de combat et de résistance pour la liberté d'expression et de conscience », écrit un groupe de syndicalistes), de « la lutte pour l'acceptation des différences ».

Dans les motivations du combat pour la liberté de la foi, ils reconnaissent les drames de conscience dont nous sommes tous les jours les témoins et qui sont de tous les temps. Déjà au milieu du Ve siècle avant Jésus-Christ, les citoyens d'Athènes eurent l'occasion de méditer sur l'existence de tels drames de conscience dans la pièce de l'un de leurs dramaturges, celle d'Antigone, où l'on s'interroge sur la nécessité de braver l'interdit au nom de la religion.

« Ainsi tu as osé passer outre à mes lois ? demande le tyran.

– Oui, répond Antigone, je ne pensais pas que tes défenses à toi fussent assez puissantes pour permettre à un mortel de passer outre à d'autres lois, aux lois non écrites, inébranlables, des dieux, car elles ne vivent pas aujourd'hui mais toujours [7]. »

En des mots très ressemblants, et fondés sur les Évangiles, les Durand disent la même chose. Ils ne refusaient pas l'obéissance aux autorités politiques établies, mais jusqu'au domaine de leur conscience exclusivement. Que dit Marie ? « Nous passons une vie plus amère que la mort [...] pour suivre les divins principes d'une religion qui nous ordonne de rendre à César ce qui appartient à César, et à Dieu ce qui appartient à Dieu [8]. »

---

7. Sophocle, *Antigone*, sqq 599. Société d'édition « Les Belles Lettres », 1967.
8. Marie Durand, Lettre à une dame, 29 mars 1759, Musée du Vivarais Protestant.

Et Pierre ? « J'avais appris des disciples de mon Sauveur qu'il vaut mieux obéir à Dieu qu'aux hommes. Ainsi quoique le roi défende l'exercice de notre sainte religion dans son royaume, je suis très assuré qu'il vaut mieux servir Dieu en désobéissant à son roi que d'obéir au roi en offensant Dieu (au curé de Vernoux, lors de son arrestation racontée par Fauriel) [9]. Ce principe était exprimé dans l'article trois des décisions du premier synode du Vivarais : « Tous les pasteurs et proposants jurent, par la foi qu'ils ont au nom de Jésus-Christ, d'obéir au roi de France en toutes choses sauf aux ordonnances qui pourraient être préjudiciables à la foi et à l'Église. »

On remarque que, tant pour Antigone que pour les Durand, il ne s'agit pas d'une liberté qu'on revendique, mais d'une obligation supérieure à laquelle on ne peut se soustraire. Ces derniers ne manquaient pas de garants, d'ailleurs, Calvin lui-même :

> « En l'obéissance que nous avons enseignée être due aux supérieurs, il y doit avoir toujours une exception, ou plutôt une règle qui est à garder avant toutes choses. C'est que telle obéissance ne nous détourne point de l'obéissance de celui sous la volonté duquel il est raisonnable que tous les désirs des rois se contiennent, et que tous leurs commandements cèdent à son ordonnance, et que toute leur hautesse soit humiliée et abaissée sous sa majesté [10]. »

Et, plus près de nous et des gens du XVIIIe siècle, Drelincourt l'avait rappelé :

> « On nous traduit sans cesse comme ennemis de la Royauté [...] Les couronnes auxquelles nous aspirons sont au ciel. Le règne que nous cherchons en terre est de pouvoir servir selon la pureté de la parole [...] Il nous faut rendre à tous ce qui leur est dû ; à qui tribut, le tribut ; à qui péage, le péage ; à qui honneur, l'honneur. Et nous sommes sujets à nos rois non seulement pour l'ire, mais aussi pour la conscience [...] Pour le service de nos rois, nous n'épargnons ni notre sang, ni nos vies. Et nous ne croyons pas qu'il faille jamais désobéir, sinon lorsqu'ils nous commandent des choses contre l'honneur du roi des rois. Alors nous disons en toute humilité ce que les apôtres dirent autrefois en une occasion semblable : Jugez s'il est juste, devant Dieu, de vous obéir plutôt qu'à Dieu ; ne vaut-il pas mieux obéir à Dieu qu'aux hommes ? [11] »

---

9. J.-L. Meynadier, ouv. cit. p. 41.

10. Calvin, *Institution chrétienne XVI*, Du Gouvernement civil, Les textes français t. IV, p. 239.

11. Drelincourt, Abrégé des Controverses 1672, Musée du Vivarais Protestant.

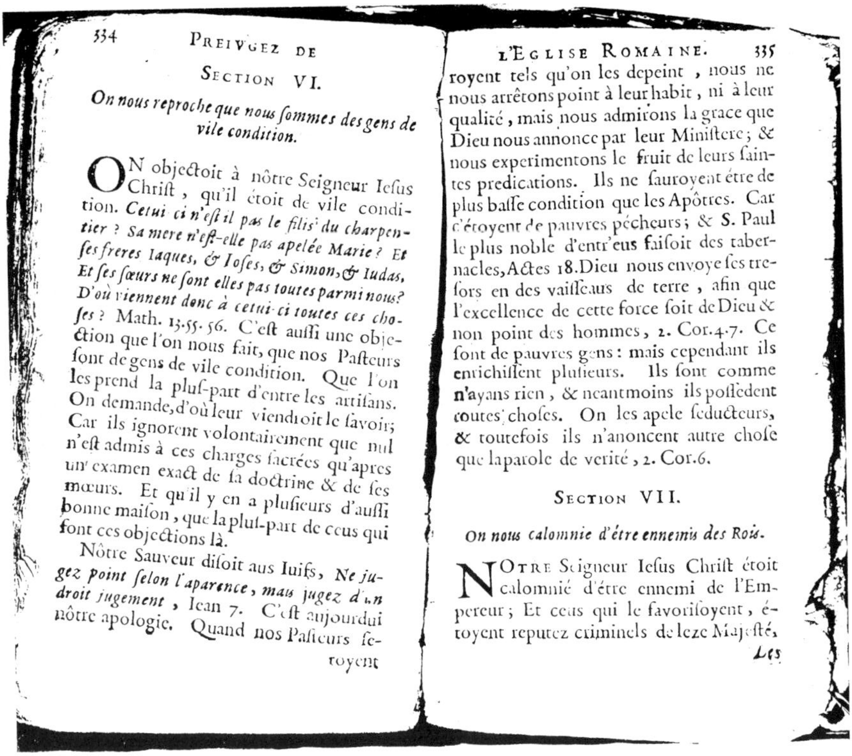

334 PREIVGEZ DE

SECTION VI.

On nous reproche que nous sommes des gens de vile condition.

ON objectoit à nôtre Seigneur Iesus Christ, qu'il étoit de vile condition. *Cetui ci n'est il pas le filis du charpentier? Sa mere n'est-elle pas apelée Marie? Et ses freres Iaques, & Ioses, & Simon, & Iudas, Et ses sœurs ne sont elles pas toutes parmi nous? D'où viennent donc à cetui-ci toutes ces choses?* Math. 13.55.56. C'est aussi une objection que l'on nous fait, que nos Pasteurs sont de gens de vile condition. Que l'on les prend la plus-part d'entre les artisans. On demande, d'où leur viendroit le savoir; Car ils ignorent volontairement que nul n'est admis à ces charges sacrées qu'apres un examen exact de la doctrine & de ses mœurs. Et qu'il y en a plusieurs d'aussi bonne maison, que la plus-part de ceus qui font ces objections là.

Nôtre Sauveur disoit aus Iuifs, *Ne jugez point selon l'aparence, mais jugez d'un droit jugement*, Iean 7. C'est aujourdui nôtre apologie. Quand nos Pasteurs seroyent

L'EGLISE ROMAINE. 335

royent tels qu'on les depeint, nous ne nous arrêtons point à leur habit, ni à leur qualité, mais nous admirons la grace que Dieu nous annonce par leur Ministere; & nous experimentons le fruit de leurs saintes predications. Ils ne sauroyent être de plus basse condition que les Apôtres. Car c'étoyent de pauvres pêcheurs; & S. Paul le plus noble d'entr'eus faisoit des tabernacles, Actes 18. Dieu nous envoye ses tresors en des vaisseaus de terre, afin que l'excellence de cette force soit de Dieu & non point des hommes, 2. Cor.4.7. Ce sont de pauvres gens: mais cependant ils enrichissent plusieurs. Ils sont comme n'ayans rien, & neantmoins ils possedent toutes choses. On les apele seducteurs, & toutefois ils n'anoncent autre chose que la parole de verité, 2. Cor.6.

SECTION VII.

On nous calomnie d'être ennemis des Rois.

NOTRE Seigneur Iesus Christ étoit calomnié d'être ennemi de l'Empereur; Et ceus qui le favorisoyent, étoyent reputez criminels de leze Majesté,

Les

Abrégé « des Controverses » de Drelincourt – éd. de 1672 (exemplaire de Saint-Étienne-de-Serres). « On nous calomnie d'être ennemis des rois... »

Or il ne faudrait pas croire que de tels écrits étaient ignorés dans les Boutières. Un exemplaire des *Controverses* a été trouvé en 1972 dans les papiers d'une famille de la paroisse de Saint-Étienne-de-Serres, voisine du Bouschet ; il est maintenant déposé au Musée du Vivarais Protestant.

Laissons le pasteur Frédéric Mayor résumer le sens de cette constante position : « La conviction de leur communion personnelle avec le Christ les rend libres à l'égard du jugement de toute Institution qui veut réglementer les consciences et enlever aux croyants la liberté d'être fidèles [12]. »

12. F. Mayor, compte-rendu d'activité au Bouschet de Pranles, le 19 avril 1988.

Pierre et Marie, pas plus que les parents, ne sont allés au-delà du conflit entre la Foi et l'autorité temporelle, pas plus que l'Antigone de Sophocle au-delà du domaine du sacré, le respect dû aux dieux et aux morts ; les protestants vivarois de l'époque, pas davantage dans leur ensemble : le motif gravé sur le portail de Pleineselve en 1756 par la famille d'une nièce d'Étienne Durand est bien certainement l'assemblage d'un cœur et d'une fleur de lis ; le synode du Vivarais exprime, lui aussi, dans le style de l'époque, son attachement au roi encore en 1757, après l'attentat de Damiens :

> « Les larmes que nous versâmes à l'ouïe de l'horrible assassinat commis le 5 janvier étaient justes ; les prières ardentes que nous adressâmes à Dieu en faveur de son oint, les actions de grâces que nous lui rendîmes étaient des plus convenables. Dans quel gouffre n'aurions-nous pas été plongés si Dieu, touché de compassion, n'avait pas conservé par les merveilles de la Providence le plus grand et le meilleur des rois... »

Là-dessus, on décide un jour de jeûne et d'humiliation pour rendre grâces à Dieu. A la même date, Rabaut ne parlait pas autrement [13]. Bien sûr il faut cependant prendre en considération l'obligation où l'on était de faire l'éloge du roi ; mais encore en 1781, quelqu'un a gravé sur le linteau de sa porte, dans la région de Saint-Agrève : « CRAIN DIEU. HONORE LE ROY. AIME TON PROCHAIN COMME TOY-MÊME. CE MA LOI ».

Mais en fait l'attitude de Pierre contenait en germe une contestation du pouvoir absolu du roi, c'est-à-dire qu'il s'engageait sur un chemin qui mène plus loin ; on passe aisément du domaine de la liberté religieuse à celui de la liberté d'opinion, en particulier à celui de la conscience humaine entrant en lutte contre le règne de la raison d'État. C'est ce qu'à montré le destin du personnage d'Antigone dans la pensée des hommes : dans la tragédie qu'Anouilh en a tirée en 1942, le conflit se place sur un plan simplement humain ; la poignée de poussière jetée sur le corps du frère ennemi de l'État n'a plus qu'un sens symbolique ; la pièce dramatise les problèmes politiques contemporains qui eux aussi sont éternels : des gardes en cirés noirs et chapeaux mous emmenaient la jeune fille en révolte contre la toute-puissance d'un homme dont la préoccupation essentielle était que l'ordre régnât à Thèbes et à qui elle disait : « Je suis là pour vous dire non ! » Mais chez Sophocle même, Hémon

13. « Hélas ! Sire, pourquoi, avec des sentiments si purs, sommes-nous traités de sujets rebelles ? Pourquoi, sous le règne du meilleur des rois, un peuple nombreux et fidèle gémit-il sous la plus cruelle oppression ? » P. Rabaut. Lettre au roi, de novembre 1758. Dardier ouvr. cité à la bibliographie.

ne disait-il pas à Créon : « Il n'est point de cité qui soit le bien d'un seul ! »

Pour revenir à la lutte des Durand, une réponse de Pierre, lors de son interrogatoire à Montpellier, c'est même presque l'une des dernières qu'il ait prononcées, frappe le lecteur : comme le conseiller au présidial lui demande s'il n'a pas connu les ordonnances du roi qui défendent tout exercice de la religion protestante, il répond qu'il a eu connaissance de la déclaration de 1724, ajoutant : « Je n'ai pas cru que le roi eût eu jamais, de lui-même, véritablement intention de défendre à ses sujets de prier Dieu suivant les lumières de leur conscience. » L'expression « Dieu et ma conscience » revient souvent dans la bouche de Pierre. Mais ici, nous sommes en 1732, la rencontre des deux termes de « lumières » et de « conscience » dans la même phrase évoque pour nous des résonances que le siècle amplifiera. Les autorités de l'époque ne s'y trompaient pas. D'ailleurs l'expression ne laisse pas de rappeler « les conseils d'une raison pure et éclairée » dont il a été question plus haut.

Ajoutons que si Antigone menait un combat solitaire auquel même sa sœur Ismène ne pouvait pas participer, la famille Durand, elle, n'était pas seule. L'intérêt que nos contemporains marquent pour elle s'explique aussi parce qu'ils la considèrent comme le symbole d'une lutte collective contre les tentatives d'étouffement d'une minorité qui ont conduit le pouvoir à prolonger pendant treize ans la captivité d'un vieillard, et pendant trente-huit ans, jusqu'en 1768, celle de sa fille simplement parce qu'ils avaient eu, bien longtemps auparavant, un fils et frère qui avait été ministre et qu'ils ne l'avaient pas renié : On redoutait l'exemple. C'est un moyen de persuasion que notre époque connaît bien.

Il est vrai que les Durand ont dû avoir par moments le sentiment d'une solitude, d'un abandon ; on sait en particulier que Pierre connut au début de 1724 des moments de découragement devant les difficultés, mais bientôt Corteiz et Court viendront à la rescousse, et peu à peu tout un peuple, timidement d'abord, puis avec de plus en plus d'assurance, se rassemblera autour de lui, comme les prisonnières autour de Marie et comme les gens de Pranles autour d'Étienne autrefois. Et les résultats vont s'amplifier, avec des hauts et des bas certes, mais constamment jusqu'à l'Édit de Tolérance.

Or, de cet Édit, qui finira par arriver, quelles seront les causes lointaines ? Certes, les progrès de l'esprit de tolérance et l'intervention des Réfugiés et de l'opinion internationale. Mais les écrivains et philosophes doivent, en France, user de prudence et ne peuvent pas nommer les protestants.

Ce 25 Septembre 1721. 561

282 receue le 20 8bre

Monsieur mon tres cher et honoré frere

C'est la seconde fois que je me donne l'honneur de vous escrire
pour vous assurer de mes tres humbles et proffonds respect. Je vous
avois escrit il y a desja quelques mois, sans que j'aye eu aucune reponse
quoyque je vous suppliois de me respondre a cette veue ce qui m'a
fait dire que vous n'avez pas receu ma lettre; Il y en avoit une pour
le celebre Monsieur Pictet et une pour vous et comme je ne scavois pas
comment vous adresser la lettre a vous mesme, ayant esté si oubliant
que de perdre par escrit vos adresses, lors que Monsieur Corteiz je l'avois
dans ma memoire mais non pas assuré. Et n'ayant pas [illegible] l'adresse
ouvertement a Monsieur Pictet crainte que quelqu'un par malice ou
curiosité [illegible] le chemin, je la fis ainsi estant Mr [illegible] de
la compagnie de Mr Dumont en la garnison pour rendre a Mr [illegible]
dans l'enveloppe et la vostre estoit dans celle de Monsieur Pictet ce qui
me donne beaucoup de chagrin quelles se soient perdues et qui est cause que
je n'ay pas franchy celle cy pour quelle vous vienne avec plus de seureté
je l'ay adressée a Mr Batailhard [illegible] laquelle adresse [illegible]
je scait bien que ce Mr se fera un plaisir de vous la rendre, et que vous
me ferez le plaisir de me respondre et de me donner de bonnes adresses pour
[illegible] que j'ay perdu depuis que j'ay commencé
a [illegible] comme aussy d'escrire au celebre Mr Pictet lequel aura la charité
pour nos eglises de respondre les difficultés qui se trouvent [illegible]
esprits tous [illegible] que nous avons [illegible]
nous restons par la grace de Dieu assés genereusement quoyque nous
trouvions a tous momens des obstacles qui nous donnent beaucoup de peine
a [illegible] nous avons renvoyé nos femmes predicantes au silence quoy
que nous en ayons encore qui font de grandes resistances cependant par
la grace de Dieu nous voyons que leurs resistances [illegible]
nos fanatiques sont pour ainsy dire aux abois voyant le trouble que
nous avons mis a leur audace et [illegible]; mais comme [illegible]
[illegible] assez que [illegible] les foudres et anathemes nous
voulloient [illegible] aussy [illegible] comme ceux qui partirent de la ville
de Trente et de Boulogne lors que le concille y fut tenu en faveur
de l'Eveque de Rome: [illegible] sur moy, parce disent ils que
je suis leur plus grand ennemy veu que je [illegible] pas [illegible]

Lettre de Pierre Durand à Corteiz, le 25 septembre 1721.

Dès 1721, une « *Lettre Persane* » de Montesquieu aborde très habilement le sujet de la Révocation, mais en parlant des Arméniens : « En proscrivant les Arméniens, on pensa détruire en un seul jour tous les négociants et presque tous les artisans... Je suis sûr que le grand Cha-Abas aurait mieux aimé se faire couper les deux bras que de signer un ordre pareil... » [14] Et plus loin : « S'il faut raisonner sans prévention, je ne sais s'il n'est pas bon que dans un État il y ait plusieurs religions ». Et l'Esprit des Lois, qui paraît à Genève, mais seulement en 1742, développe un vigoureux réquisitoire contre l'intolérance, mais en le mettant dans la bouche d'une jeune Juive brûlée à Lisbonne : « Vous nous faites mourir nous qui ne croyons que ce que vous croyez, parce que nous ne croyons pas tout ce que vous croyez. » [15]

Voltaire, lui, parle légèrement de la Révocation en ces termes : « S'il (Louis XIV) n'eût pas cru qu'il suffisait de sa volonté pour faire changer de religion à un million d'hommes, la France n'eût pas perdu tant de citoyens ». Et les souffrances endurées ? Y a-t-il pensé ? Le Tribunal Suprême qu'il attribue à un monarque éclairé chinois interdit l'exercice du Christianisme en raison des disputes entre les diverses sectes chrétiennes [16]. Le philosophe continue à confondre guerres de religion et volonté délibérée d'écraser une minorité gênante, persuadé qu'il s'agit de rivalités entre des formes différentes du même fanatisme « depuis le massacre des Albigeois jusqu'à la petite guerre des Cévennes » (*Essai sur les Mœurs*) ; dans sa prière au « Dieu de tous les êtres », il demande en particulier : « que ceux qui couvrent leur robe d'une toile blanche pour dire qu'il faut t'aimer ne détestent pas ceux qui disent la même chose sous un manteau de laine noire » [17].

C'est pourtant lui qui découvre, avec la condamnation de Calas, le drame des protestants réels et vivants, mais seulement en 1762, c'est-à-dire très tard. Il écrit dès le 27 mars à M. le comte d'Argental : « Je vois tous les étrangers indignés... ; tous vos officiers Suisses protestants disent qu'ils ne combattront plus de grand cœur pour une nation qui fait rouer leurs frères sans aucune preuve » ; dès le 4 avril il aura acquis la conviction de l'innocence : « Il est

---

14. *Lettres Persanes*, LXXXV. Il est possible qu'en parlant de Cha-Abas qui régna en Perse de 1587 à 1628 Montesquieu pense à Henri IV. À cette époque on projetait de chasser les Arméniens de Perse ou de les obliger à se faire « mahométans ».

15. *Esprit des Lois*, XXV, 13.

16. *Le Siècle de Louis XIV*, XXIX, Du gouvernement intérieur, et XXXXIX, Disputes sur les cérémonies chinoises.

17. *Traité sur la tolérance*, XXIII.

avéré que les juges toulousains ont roué le plus innocent des hommes. Presque tout le Languedoc en gémit avec horreur. Les nations étrangères qui nous haïssent, et qui nous battent, sont saisies d'indignation. Jamais depuis le jour de la Saint-Barthélémy, rien n'a tant déshonoré la nature humaine. Criez, et qu'on crie, écrit-il à M. Damilaville. » Il faudra pourtant trois années de luttes, de lettres, de libelles pour obtenir la réhabilitation.

L'Encyclopédie, dont les textes, non les planches, ont été publiés entre 1759 et 1765, aborde les sujets religieux dans divers articles, en particulier des articles comme « Tolérance », « Réfugiés », « Christianisme », mais seulement de façon très allusive la situation des protestants restés en France. L'article « Genève », qui est de d'Alembert, avertit que les auteurs sont historiens, non controversistes, et tout en adressant des louanges à la ville, mis à part les spectacles, à ses pasteurs présentés comme des sociniens « qui ne sont reçus qu'après des examens très rigides quant à la science et quant aux mœurs et dont il serait à souhaiter que la plupart de nos églises catholiques suivissent l'exemple », tout en donnant aussi des conseils qui pourraient être utiles ailleurs, ne précise guère ses allusions. L'article « Cruauté » (de Jaucourt) regrette les massacres commis par les Croisés, « tant la nature humaine est capable d'associer extravagamment une religion douce et sainte avec le vice détestable qui lui est opposé ». C'est sans doute sous la plume de Diderot lui-même qu'on trouve les allusions les plus directes : A l'article « Intolérance », on peut lire : « La violence fera de l'homme un hypocrite s'il est faible, un martyr s'il est courageux » ; ou bien : « L'instruction, la persuasion et la prière, voilà les seuls moyens légitimes d'étendre la religion » ; « un sujet incroyant a un droit incontestable à la protection de son prince » ; à l'article « Sarrasins », mais Diderot s'apercevra en 1764 que le libraire Le Breton a censuré certains articles dont celui-ci : « Le souverain sage et prudent isolera sa demeure de celle des dieux ».

Et Jean-Jacques, le Genevois, l'ancien pensionnaire du pasteur Lambercier ? A la même époque, malgré quelques périodiques revendications d'appartenance à la religion chrétienne réformée, par exemple à Môtiers le 24 août 1762 dans une lettre à M. de Montmollin, à qui il écrit « je vous déclare avec respect que, depuis ma réunion à l'Église dans laquelle je suis né, j'ai toujours fait de la religion chrétienne réformée une profession d'autant moins suspecte qu'on n'exigeait de moi dans le pays où j'ai vécu que de garder le silence... », il n'a pas voulu intervenir en faveur de ses coreligionnaires ; il répond à M. de R., qui l'avait sans doute sollicité, le 24 octobre 1761 :

Les hésitations des protestants devant le baptême de l'église en 1724.

« Je comprends bien que les furieux qui les oppriment consultent bien plus leur humeur sanguinaire que l'intérêt du gouvernement ; mais j'ai pourtant quelque peine à croire qu'ils se portassent à ce point de cruauté si la conduite de nos frères n'y donnait pas quelque prétexte [...] La parole de Dieu est formelle sur le devoir d'obéir aux lois des Princes [...] Ces assemblées n'étant pas de l'essence du Christianisme, on peut s'en abstenir sans renoncer à sa foi [...] Je ne ferais, par un zèle indiscret, que gâter la cause pour laquelle je voudrais m'intéresser. »

D'ailleurs Rousseau n'accepte qu'une religion « naturelle », la religion de la conscience qui n'a pas de dogmes ; le Vicaire Savoyard estime que le mieux est de garder sa religion et il invite catholiques et protestants à se regarder comme frères, ignorant, volontairement ou non, comme on le voit souvent, les vrais problèmes qu'il passe sous silence ; tant et si bien que son livre fut condamné à la fois à Paris et à Genève.

Pourtant Rousseau n'a pas ignoré le problème. Dans un numéro du *Bulletin* de 1896 [18], Eugène Ritter a signalé un passage d'une première ébauche du *Contrat Social*, en dépôt à la Bibliothèque de Genève, dans lequel Rousseau s'indigne contre la privation d'état civil infligée aux protestants par une situation qui fait du prêtre l'Officier de l'État Civil. Ce passage a été supprimé du texte définitif. Et M. Ritter, cherchant une explication, en trouve une au livre IX des *Confessions* où Rousseau indique que, n'étant pas Français, il était tenu de faire en sorte que quand « les hommes puissants voudraient lui faire du mal, ils ne le puissent qu'injustement... Cette maxime, dit-il, m'a souvent fait renoncer à des projets beaucoup plus chéris ». (C'était à propos d'un travail qui lui avait été demandé et qui risquait de le compromettre.)

Mais la Révocation demeurait. Plus de cent ans !

Cependant les survivants ont fini par sortir des cachots, même les plus humbles, les dernières prisonnières de la Tour comme Marie et Goutète ou les anciens galériens comme « le pauvre Chambon », du Bouschet lui aussi. Les protestants, après de nombreuses tentatives dans ce sens [19], ont fini par obtenir un état civil par l'édit de 1787. Pourquoi ?

Ni les résonances du siècle, les coups de boutoir, contre l'intolérance, des écrivains et des philosophes, ni l'opinion internationale émue par les protestants du Refuge n'ont tant fait pour la

18. B. S.H.P.F. XLV, p. 654-659.
19. On pourra lire dans *La France Protestante*, Presses du Languedoc, 1992, sous la signature de M. Daniel Robert, pages 95 et suivantes, le rappel des efforts de Court, Rabaut, Court de Gébelin.

réintégration des Réformés dans la communauté nationale que la persistance des assemblées, et le désordre créé dans l'État Civil par les mariages et les baptêmes au désert et l'incohérence de la jurisprudence dans les procès qui en résultaient. Mais d'où provient cette situation sinon des décisions prises en Languedoc, en Dauphiné et en Vivarais, et que le synode de 1721 énonçait en ces termes : « Ceux qui feront baptiser leurs enfants et bénir leurs mariages aux prêtres de l'Église romaine seront suspendus de la communion, et ceux qui les accompagnent en ces actes seront censurés par un pasteur ou un ancien. »

La mesure fut certes difficile à mettre en pratique. En fait Pierre Durand bénira seulement quatre mariages dans la paroisse de Pranles (ce calcul ne tient compte que de la paroisse nommée la première, car les époux sont parfois originaires de deux paroisses différentes) ; parmi ceux-ci, il aura cependant la joie de bénir le mariage de son cousin Étienne Vabres avec Marguerite Astruc le 30 mars 1730. Dans la même paroisse il ne fera aucun baptême, du moins si l'on en juge par son registre. Il est pourtant né des enfants même autour de la famille Durand.

Au colloque européen des Musées protestants, qui s'est tenu autour du Bouschet de Pranles du 30 avril au 3 mai 1992, a été soulevée la question du baptême des enfants de Pierre Durand. Le pasteur n'a pas consigné ces baptêmes dans son registre d'actes pastoraux ; il est vrai qu'il y manque deux feuillets, quinze actes, mais à des dates où ne pourrait figurer que le baptême de la première fille, Jeanne. Et que le registre a été rempli à partir d'avril 1730 par Fauriel d'après les notes provisoires de Pierre.

Le pasteur aurait-il baptisé ses enfants sans rédiger un acte ? Ce n'est pas impossible car il pouvait considérer qu'il était lui-même le garant de ce baptême. Ou bien aurait-il confié ce soin à un autre pasteur ou prédicant ?

Ce qui est certain, c'est que ces enfants ont été baptisés en France, avant le départ pour la Suisse. A quatre occasions, dans ses lettres à Anne sa femme, Pierre parle de « leurs marraines » qui vont les voir et qu'il rencontre. De plus Anne, sa fille qui rentra en France en 1758 et se maria le 8 juin 1765 à l'église catholique, fut préalablement rebaptisée le 2 juin par le curé de Pranles, mais « sous conditions », ce qui signifie qu'on connaissait ou qu'elle avait déclaré un précédent baptême.

Autour de la famille Durand, il a paru intéressant de suivre le comportement des trois familles suivantes entre 1719 et 1728 à l'égard du baptême : il s'agit du ménage de René Durand, frère d'Étienne, de celui d'André Bévengut, le voisin et ami, de celui de Claudine Vabre, épouse Astruc et nièce d'Étienne. Ils font baptiser leurs enfants par le curé de Pranles avec toutes sortes d'hésitations et d'atermoiements dans beaucoup de cas, mais ils ont peur et s'exécutent :

	Chez René Durand et Jeanne Durand × le 16-V-1711	Chez André Bévengut et Jeanne Suel	Chez Gédéon Astruc et Claudine Vabre × le 28-XI 1718
1719	René, 8-IV Baptême normal		Jean, 24-II, Baptême normal Parrain Et. Durand
1721	Jeanne, 30-IX Pas de parrain	Antoinette, 8-III Pas de parrain	Joseph, 9-I Baptême normal Marraine Marie Durand
1722		André, 30-XII	Pierre (1), 30-III Baptême normal
1724	Jacques, 30-I parrain remplacé marraine absente (Claudine Vabre)	Jacques, 30-I parrain absent marraine absente	
1725			Pierre (2), 7-VIII parrain remplacé marraine remplacée
1726	Élisabeth, 7-II Baptême normal		
1728		André, 20-II Baptême normal	Antoine, 16-II parrain remplacé pas de marraine

Pierre Durand, du moins d'après son registre, n'a donc baptisé aucun de ces enfants. Le baptême catholique avait un caractère officiel qui conférait une identité dont il était difficile de se passer. On comprend bien les hésitations en tournant les pages du registre du pasteur : on y voit qui a fait baptiser, qui ne l'a pas fait, avec des variations suivant la date et l'occasion, qui a fait bénir son mariage, qui a fait baptiser à la fois par le pasteur et le curé. L'exemple de Marie-Rose baptisée par Pierre Durand le jour même de sa naissance et rebaptisée le lendemain par le curé de sa paroisse, sans parrain et avec, comme marraine, sœur Marie S., régente de Privas, n'est pas exceptionnel si ce n'est par la proximité des deux cérémonies.

Cependant, malgré les conséquences à redouter, des paroisses ont montré plus de résolution : le même Pierre Durand, dans la même époque que ci-dessus a baptisé neuf enfants dans la paroisse voisine d'Issamoulenc, dont la population totale était de la moitié de celle de Pranles (522 habitants en 1721 pour l'une, 1064 pour l'autre).

Les registres ne tardent pas à signaler les « religionnaires et concubinaires », les gens qui meurent « hors de l'église », le premier exemple à Pranles étant de 1727, antérieur dans d'autres paroisses. Le respect de la discipline s'affermit. Le synode de 1721 réunit six proposants et deux anciens ; celui de 1723, un pasteur, quatre proposants, quatre anciens ; celui de 1724, un pasteur, six proposants, trente anciens ; trente sept anciens en 1725, on voit la progression de l'organisation des paroisses.

D'après un rapport des pasteurs, cité par M. de Falguerolles [20], pour une population de 21 000 fidèles, onze cents mariages ont été bénis au désert de Vivarais entre 1725 et 1735, cinq cents avant. La même province qui eut un pasteur à partir de 1726, en avait un pour prendre la relève à la mort de Pierre Durand, généralement trois à partir de 1734, malgré les tentatives d'intimidation et les arrestations, quatre en 1755, seulement deux peut-être entre 1763 et 1767, mais six à partir de 1768, et près d'une dizaine à la veille de la Révolution. En 1769 le synode réunit cinq pasteurs et vingt et un « députés des églises » et l'on fixe des secteurs pastoraux.

Pierre Durand a baptisé en tout moins de cinquante enfants dont huit entre 1722 et 1726, mais il a béni environ trois cent quatre-vingt-dix mariages (lui-même dit « plus de quatre cents » le 30 juin 1731), dont neuf avant sa consécration. On voit quelle a été la difficulté des débuts surtout pour les baptêmes. Tant Étienne Durand que le curé Meunier de Vernoux ne parlent que des mariages. Cependant le 29 décembre 1731 le pasteur écrit à M. de Beaulieu qui fait des démarches pour qu'une pension soit accordée à Anne : « Les pères et les mères commencent à connaître leur devoir à l'égard des baptêmes de leurs enfants ». Les mentalités changèrent ; le pasteur Vernet qui a exercé un très long ministère en Vivarais à partir de 1752, a baptisé des milliers d'enfants. Pour prendre un exemple précis, au mois de septembre 1766, il baptise, le 1er du mois à Pourchaire ; le 4 à la Mûre (Flaviac) ; le 5 à Talent (Rompon) ; le 7 à Lagarde (Saint-Priest), Rudesches (Chomérac), Malandises (Saint-Fortunat) ; le 14 onze baptêmes dans la vallée de l'Eyrieux et dans la région de Chomérac-Coux ; le 21 à Annonay ; le 23 à Juventin (Toulaud) ; le 28, quinze baptêmes entre vallée de l'Eyrieux et Bruzac, Toulaud, Boffres, Grozon, Saint-Péray ; en tout trente quatre baptêmes en un mois. Le 27 février 1763, il en avait même

20. *Bulletin S.H.P.F.*, 1968, p. 189.

de grace mil sept cens cinquante six et le 22e fevrier
ont été solemnellement baptizés jaques [illegible] et marie
dans l'eglise par[illegible] de St julien Dugua rené et marie gabrielle
blache fils et fille naturels d'anthoine et magdelaine
aubert vivant en concubinage avec feu anthoine blache
mariés [illegible] au desert et qu'on a [illegible] propos de
rebaptizer sous condition parceque l'on enseigne dans la religion
pretendue reformée que le bapteme n'est pas necessaire
pour etre sauvé et que d'ailleurs la plupart de ces ministres
pretendus baptizent par aspersion et que vraisemblablement il peut
arriver que l'eau ne tombe pas sur plusieurs enfans qu'ils
ont à baptizer et qu'ils ne prononcent pas dans le meme tems les
paroles necessaires au bapteme je te baptize au nom du pere
et du fils et du st esprit on a trouvé necessaire de rebaptizer ces
enfans sous condition le parain dud rené a été sieur rené
jarland de la grefiere et la maraine magdelaine [illegible]
du lieu dugua le parain de lad marie a été sieur
françois jaques lauzel et sa maraine marie gabrielle
blache habitants au lieu de charbonnieres dud par[illegible] led
rené agé d'environ huit ans et lad marie d'environ 6 ans
lesdites maraines illiterées de ce enquis et lesd parains
soussignés avec nous prieur curé
[illegible]
Lauzel
[illegible] prieur curé
L'an de grace 1756 et le 8e mars a été solemnellement baptisée
dans l'eglise par[illegible] de St julien Dugua par moy soussigné vicaire
de la par[illegible] de St julien Dugua [illegible] fille naturelle
et legitime a pierre et a marguerite [illegible] mariés

Un rebaptême catholique en 1746 à Saint-Julien-du-Gua.

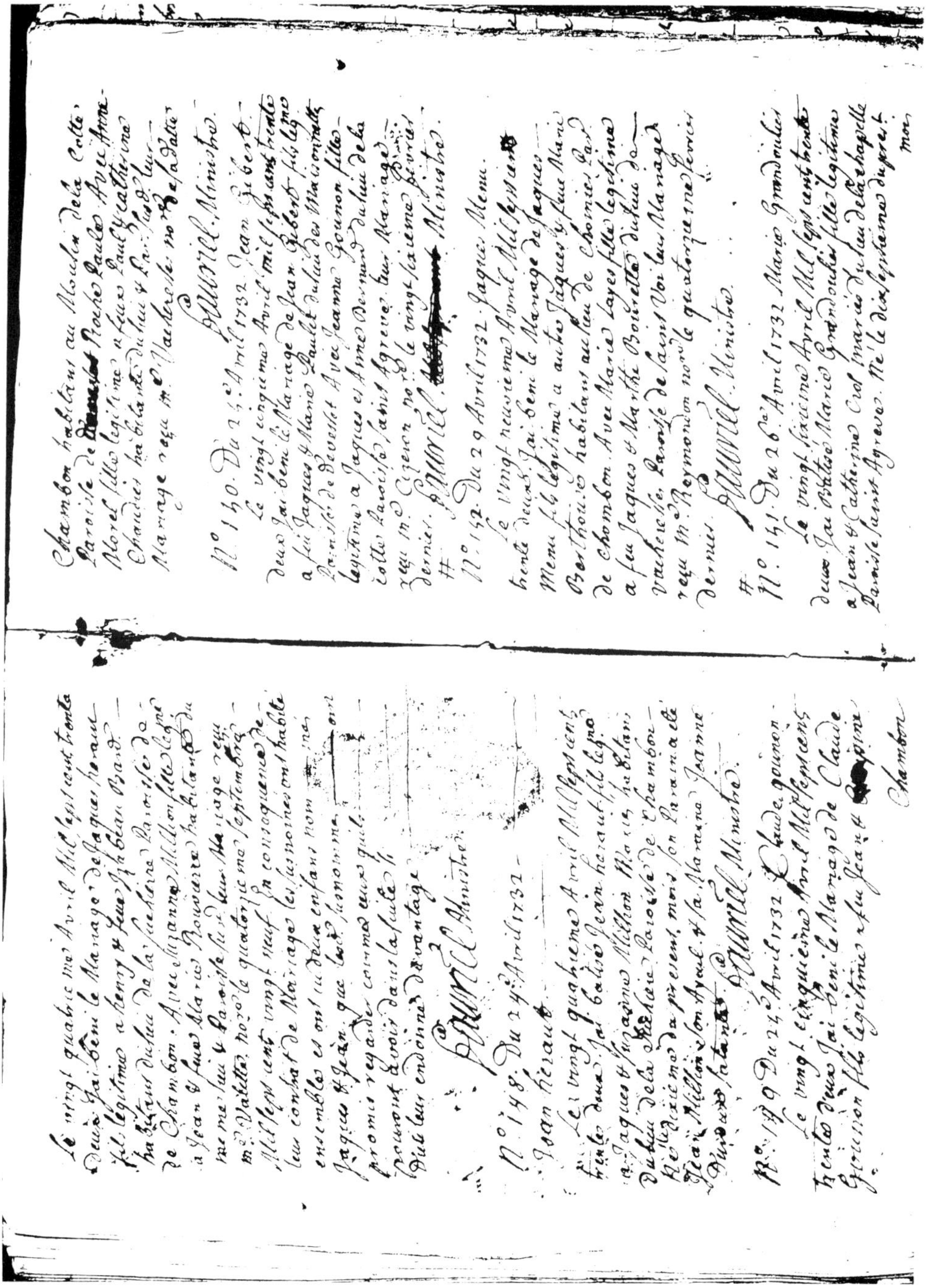

Après Pierre Durand, la relève est assurée.

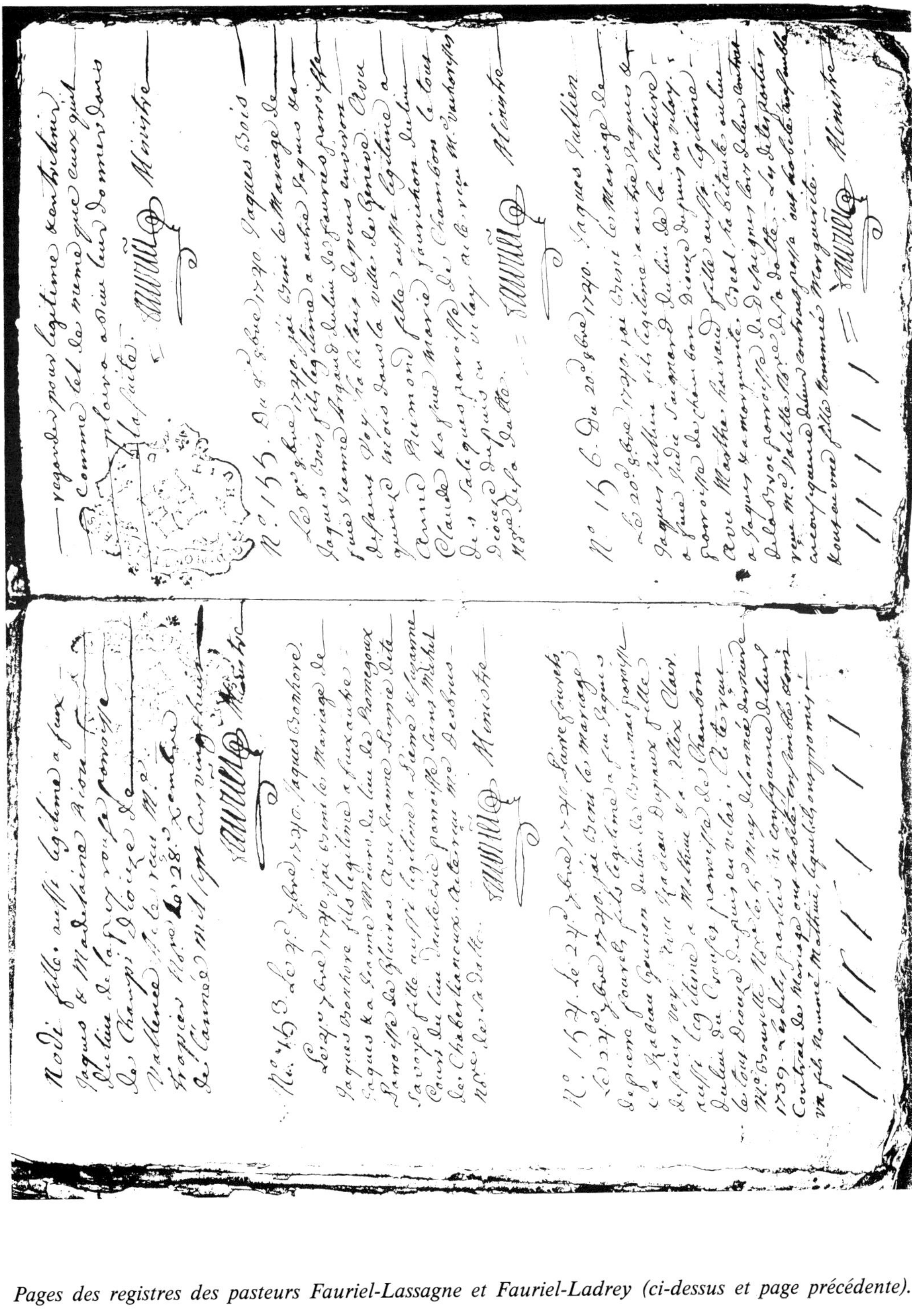

Pages des registres des pasteurs Fauriel-Lassagne et Fauriel-Ladrey (ci-dessus et page précédente).

fait vingt-six en un seul jour dans la région de Saint-Agrève. A partir de là, la partie était gagnée. Dès 1740 déjà, on voit La Devèze et les autorités contraintes à conseiller d'agir avec prudence au sujet des baptêmes et des mariages protestants [21].

On comprend dans ces conditions combien la décision prise dans les diverses provinces protestantes du Midi de rétablir l'organisation paroissiale et les actes pastoraux, l'énergie et la capacité de persuasion mises par quelques hommes, d'abord par Pierre Durand pour le Vivarais, à faire prendre cette décision et à la faire appliquer progressivement ont contribué non seulement à la sauvegarde et à la restauration d'une pratique religieuse protestante organisée, dépouillée et approfondie, mais encore à la recherche lente et difficile d'une liberté de penser et de se réunir, et même au simple droit d'être différent pour des motifs de conscience ou d'opinion. Combien d'humbles religionnaires vivarois y ont participé sur la trace des Durand « ignorant eux-mêmes, comme le dit André Fabre, qu'ils étaient des héros ».

Ce qui apparut comme une simple question de casuel aux yeux de certains prêtres comme le curé Meunier de Vernoux, qui disait à Pierre Durand, lors de son arrestation : « Monsieur, vous devriez bien me rendre une partie de l'argent des mariages que j'aurais bénis » [22], fut dès le début considéré à juste titre comme une affaire très grave par les autorités, comme on s'en rend compte dans la lettre d'Étienne à son fils en 1728 :

> « M. Demonteil m'a dit que vous faisiez plus de mal dans le Vivarais que Calvin n'avait fait en France, en Angleterre et ailleurs, à cause de ces mariages, qu'un jour cela ferait un grand désordre entre les enfants bâtards et leurs parents. »

Restructuration du protestantisme presque anéanti, rétablissement d'une foi indépendante d'une Institution contraignante, revendication d'un domaine intangible pour la conscience individuelle et sa liberté d'expression, lutte pour la sauvegarde d'une minorité étouffée, voilà bien des griefs pour un pouvoir totalitaire contre des sujets pourtant totalement démunis. Le commandant des troupes Jullien, à l'aube du siècle, c'est-à-dire dès le temps des parents Durand, ne s'était pas trompé : ces gens étaient vraiment propres à infecter le pays et à faire prendre un mauvais parti au peuple. Ils tiennent une place irremplaçable dans l'effort de

21. Élix Reynier ; *Histoire de Privas*, II, 1re partie p. 238-241.
22. J.L. Meynadier, ouvr. cit.

l'humanité, jailli de la double racine hellénique et chrétienne à la fois, et qui consiste à tenter d'écrire les lois qui n'étaient pas écrites pour libérer Antigone et désarmer Créon, dans la lignée des hommes et des femmes qui, contre les certitudes superficielles et courtes, les fanatismes bornés ou criminels, contre les tyrannies religieuses, intellectuelles ou matérielles, luttent pour délier les chaînes.

C'est dans leur foi et la méditation de la parole de Dieu qu'ils ont trouvé une force de libération et d'ouverture d'esprit. C'est le rôle des Musées protestants de faire connaître de tels hommes et de telles femmes, et d'apprendre à nos contemporains à puiser dans leur exemple une foi et une consécration suffisantes pour s'adresser à notre monde comme ils se sont adressés au leur. Pour remplir cette tâche, on trouve des témoignages précieux et des encouragements dans les Livres d'Or. Dans celui du Bouschet de Pranles on peut lire des mots simples et vrais comme les suivants :

« Marie Durand, cette femme à qui nous devons tant. »

« Quelle force donnée dans la faiblesse ! »

« Un Musée pour une leçon de vie. »

Le village d'Ajoux (en Boutières) où sont nés les pasteurs Louis Ranc en 1716, et Alexandre Ranc son frère en 1722. Ils furent tous deux pasteurs en Dauphiné. Louis fut arrêté, deux mois avant le pasteur Jacques Roger, et pendu à Die le 12 mars 1745. Alexandre, consacré par le pasteur vivarois Peirot au synode de 1752, en même temps qu'Alexandre Vernet (« Je vous envoie comme des brebis au milieu des loups », Matthieu 10,16) exerça un long ministère. Il aurait souhaité revenir en Vivarais mais ne fut pas « libéré » par le Dauphiné ; néanmoins il y accomplit des actes pastoraux ; il mourut en 1792.

Mémento chronologique

1651	L'Assemblée du Clergé demande au roi « qu'il bannisse à présent de son royaume cette malheureuse liberté de conscience qui détruit la liberté des enfants de Dieu. »
1657	Naissance d'Étienne Durand.
1659	Dernier synode national, à Loudun.
1664	Les Réformés sont à nouveau chassés de Privas ; les temples des environs sont condamnés.
1656 à la Révocation	Dispositions diverses restreignant de plus en plus les libertés religieuses.
1670	La révolte de Jacques Roure autour d'Aubenas et jusqu'à Privas. A la suite de ces événements, représailles contre les protestants et en particulier incendie du temple de Pranles.
1671	Baptême à Ajoux de René Durand, frère d'Étienne, par le pasteur Reboulet.
1678	Paix de Nimègue. Le roi se croit tout-puissant en Europe. Il s'empare de territoires en pleine paix.
1682	Monitoire ou Avertissement pastoral du Clergé de France adressé aux Protestants.
1683	Mouvement de résistance que Brousson voulait pacifique. Répression et exactions.
1685	Dragonnades généralisées dans le Midi et Révocation de l'Édit de Nantes.
1688-89	Mouvement prophétique en Dauphiné, puis Vivarais ; assemblées et répression ; Creysseilles, environs de Pranles, Saint-Cierge, Tauzuc, Serre de la Palle, etc.
1689-97	Guerre de la Ligue d'Augsbourg. Traités de Riswick qui ne prennent pas en considération la situation des protestants de France.

1691	Mariage d'Étienne et Claudine.
1691 ou -92	Décès du père d'Étienne, Pierre Durand. A la même époque, décès du père de Claudine, Anthoine Gamonnet.
1693	Mariage de Marie Durand, sœur d'Étienne, avec Jean Vabres de Pleineselve.
1694	« Miserere mei Domine Deus » gravé par Étienne sur le porche.
1696	« Loué soy Dieu, E.D. » sur le manteau de la cheminée.
1697 (fin)	Passage de Brousson en Vivarais.
1698	Supplice de Brousson à Montpellier.
	Des dispositions nouvelles essaient d'éclaircir la confusion créée dans le domaine religieux.
1700	Naissance de Pierre ; le parrain et la marraine réels. René Durand et Paule Gamonnet sont remplacés à la cérémonie du baptême.
1701-13	Guerre de la succession d'Espagne. Traité d'Utrecht : nouvelle déception pour les protestants.
1702	Naissance d'Anne Rouvier, la future épouse de Pierre.
1703-06	Jeanne Durand, fille d'Étienne et Claudine.
1708- ?	Naissance d'Étienne, enfant d'Étienne et Claudine.
1702	Début de la Guerre des Cévennes.
1704	Tentative de Dortial d'introduire la guerre des Camisards en Vivarais ; églises brûlées, massacre de Franchassis. Arrestation d'Étienne Durand et de religionnaires de son entourage.
1709	Nouvelle tentative de résistance violente (Mazel, Billard, Justet) ; assassinat de M. de Vocance, châtelain de la Tour, au bois de Mézilhac malgré l'intervention de son ami protestant Ducros du Bay.
1711	Naissance de Marie Durand.
1715	Mort de Louis XIV ; Régence du duc Philippe d'Orléans jusqu'en 1723. Premier synode du Languedoc, à Montèzes le 1er septembre.
1718	Consécration de Corteiz à Zurich, qui, à son tour, consacre A. Court. Passage de Corteiz en Vivarais.

1719	Dislocation de la famille Durand à la suite de l'Assemblée de la Combe de Navalet ; Pierre part en Suisse ; Claudine inculpée, meurt sans doute au cours du trajet vers Montpellier.
1721	Retour de Pierre en Vivarais ; il cherche à établir des liens avec les Cévennes et le Languedoc, et le Dauphiné. Premier synode du Vivarais ; au cours des années suivantes, Pierre travaille avec l'aide de Corteiz, Court, Rouvière au rétablissement des églises.
1724	Corteiz, puis Court en Vivarais.
1723-26	Louis XV majeur se décharge sur le duc de Bourbon.
1724	Déclaration reprenant les mesures édictées contre les protestants.
1726-43	Fleury.
1726	Premier synode « national » (Cévennes, Languedoc, Dauphiné, Vivarais) près de Craux, paroisse de Saint-Étienne-de-Serres. Consécration de Pierre Durand.
1727	Mariage de Pierre Durand et Anne Rouvier, de Craux.
1728-30	Jeanne Durand, fille de Pierre et Anne.
1728	Perquisition chez Étienne Durand ; les soldats ne trouvent que Marie à la maison ; confiscation de livres.
1729	Naissance d'Anne Durand. Arrestation d'Étienne pour obtenir des renseignements sur son fils et contraindre celui-ci à s'exiler.
1730	Arrestation de Marie Durand et Matthieu Serre. Naissance de Jacques-Étienne, fils de Pierre, qui mourra à Lausanne avant 1740. Exil d'Anne Rouvier en Suisse. Synode national à Gamarre.
1731	Arrestation d'Isabeau Sautel, mère d'Anne Rouvier.
1732	Arrestation et supplice de Pierre Durand à Montpellier. Ses enfants rejoignent leur mère en Suisse.
1733	Projet de loi sur le mariage des protestants, mais opposition de l'Église catholique et du pouvoir judiciaire.
1732-43	Étienne Vabres exploite le domaine des Durand.

1743	Étienne Durand est libéré de Brescou et reprend son domaine.
1747	Décès à Lausanne d'Anne Rouvier ; sa fille Anne Durand reste en Suisse.
1749	Décès d'Étienne Durand qui a testé en faveur de Pierre Astruc, son petit-neveu, avec conditions pour le cas où Marie reviendrait de la Tour de Constance.
1751-58	Correspondance entre Marie Durand et sa nièce Anne.
1758	Anne rentre en France et, après un séjour près d'Aigues-Mortes et à Nîmes, se réfugie à Craux, chez son oncle Brunel.
1762	Marie, par l'intermédiaire de sa nièce, reprend possession de ses biens à partir du 25 mars. C'est Anne qui a réglé les problèmes pendants avec Pierre Astruc et Étienne Vabres ; elle vient au Bouschet.
1760-89	Vers la tolérance religieuse.
1762-65	Procès en réhabilitation de Calas, grâce à Voltaire.
1765	Mariage d'Anne avec Jean-Claude Cazeneuve ; naissance de sa fille Marianne qui ne vit que douze jours.
1767	Naissance d'un autre enfant d'Anne, Charles-Philippe qui vivra peu de temps.
1768	Libération de Marie.
1771	Par ses exigences, Cazeneuve impose à Marie de dures conditions d'existence.
1774	Marie lègue les biens qui lui restent à sa compagne Marie Vey-Goutète.
1775	Marie assure sa subsistance et celle de Goutète en signant avec Jacques Blache une « donation d'entre vifs ». Les derniers forçats sont libérés.
1776	Décès de Cazeneuve qui, par son troisième testament, réduit sa femme Anne Durand à des conditions de vie misérables. Décès de Marie.
1784	Anne Durand et Jacques Blache signent un accord réglant définitivement leurs affaires. Nous ne connaissons pas la date du décès d'Anne qui ne figure, sauf erreur, ni sur les registres du curé de Pranles avant 1792 ni sur les registres d'état civil à partir de 1792.

BIBLIOGRAPHIE SOMMAIRE

ACTES DU VIIe COLLOQUE « MUSÉES PROTESTANTS », autour du Bouschet de Pranles, 30 avril – 3 mai 1992.

ARCHIVES DU DÉPARTEMENT DE L'ARDÈCHE :

Paroissiaux protestants : 17e siècle : Pasteurs Lavalette, Reboullet. 18e siècle : Pasteur Peyrot, Vernet, Noé.

Paroissiaux catholiques de Pranles, 4E 184,1 et 184,2 ; de Saint-Julien-du-Gua, Ajoux, Issamoulenc (passim).

Minutier des Notaires, 2E : surtout les notaires de Privas, Coux, Saint-Vincent-de-Durfort, Saint-Pierreville entre 1650 et 1750 environ (en particulier le contrat de mariage entre Étienne Durand et Claudine Gamonnet : 2E 4854).

Documents divers consultés ou exposés en diverses circonstances.

ARCHIVES DU DÉPARTEMENT DE L'HÉRAULT :

Essentiellement dossiers C195, C199, C201, C221, C400, C1459 *Le Mémoire* d'Étienne Durand (45 p.) se trouve dans la liasse C201 (dossier de Pierre Durand) ainsi que diverses lettres dont 3 d'Anne Rouvier à Pierre.

ARCHIVES DU MUSÉE DU VIVARAIS PROTESTANT :

Registres d'actes pastoraux de Pierre Durand et des Frères Fauriel (originaux)

Lettre du proposant à ses parents et sermon sur la promesse du Messie (original)

Lettres de Pierre Durand à Court et aux Pasteurs du désert, photocopiées ou photographiées à la bibliothèque populaire et universitaire de Genève par F. Mayor (Collection Antoine Court).

Lettres de Pierre Durand à Anne Rouvier (originaux à la SHPF, papiers Chiron 358.III) photocopiées par F. Mayor.

Extraits du Registre des Synodes du désert (original à la Voulte).

ARCHIVES COMMUNALES EN ARDÈCHE :

Paroissiaux catholiques : Pranles ; 6 registres, 18e s. ; Issamoulenc, 1687-1787 ; Saint-Julien-du-Gua, 1659-1790 ; Saint-Péray, 1661-1756.

ARCHIVES DU PASTEUR CHARLES SERFASS (Pasteur à Toulaud jusqu'en 1904) :

Études inédites sur les Églises du Consistoire de Toulaud-Saint-Péray et sur le Haut Vivarais (Documents prêtés par M. J. Serfass, Versailles).

AURENCHE Louis : *La Maison de Marie Durand,* Imprimeries Réunies, Valence, 1966, 36 p.

BENOÎT Daniel : *Marie Durand prisonnière à la Tour de Constance,* Société des Livres religieux, Toulouse, 1894.

Jacques Roger, Martyr du désert, id., 1875.

BERGEAL Catherine : *Protestantisme et Tolérance en France au XVIIIe s.* La Cause, 1988.

BOST Charles : *Les Prédicants Protestants des Cévennes et du Languedoc,* 2 vol., Librairie Champion, 1912.

Les martyrs d'Aigues-Mortes, La Cause, 148 p.

BOST Charles et BOURGUET Pierre : *Trois obstinés religionnaires,* S.H.P.F., 1930, 81 p.

BULLETIN DE LA SOCIÉTÉ DE L'HISTOIRE DU PROTESTANTISME FRANÇAIS :

(Collection du Musée du Vivarais protestant).

En particulier, articles ou publications de D. Benoît, 1903. Ch. Bost, 1934 ; A. Fabre, 1976 ; E. G. de Falguerolles, 1968-1970 ; A. Lods, 1903 ; J. W. de Marmelstein, 1933 ; A. Molinier, 1984 ; S. Mours, 1970 ; E. Ritter, 1896.

ACTES DU COLLOQUE S.H.P.F. : *La Révocation de l'Édit de Nantes et le Protestantisme Français en 1685* (1985).

CHARAY Jean (travail coordonné par) : *Petite histoire de l'Église diocésaine de Viviers,* imprimerie Lienhart, 1977, 350 p.

CORTEIZ Pierre : *Mémoires et Lettres inédites,* Société Sciences, Lettres et Arts de la Lozère, 1983, 202 p.

COURT Antoine : *Histoire des troubles des Cévennes,* édition de 1760, Villefranche.

DARDIER Charles, et PICHERAL-DARDIER : *Lettres de Paul Rabaut à divers,* et *lettres à Court,* Grassard, 2 vol.

DUBIEF Henri et POUJOL Jacques (sous la direction de...) : *La France Protestante,* Presses du Languedoc, 1992.

ESTÉOULE Jean : *Vie et passions huguenotes au cœur du Vivarais,* Curandera, 1985.

FABRE André : *Marie Durand,* La Cause, 1935, 1966, 1983.

Pierre Durand, La Cause, 1929.

FÉLICE (G. de) : *Histoire des Protestants de France,* 6e éd., Toulouse, Société des livres religieux, 1874.

GAMONNET Étienne : *Lettres de Marie Durand,* Presses du Languedoc, 1986 (voir Bibliographie relative aux lettres de Marie Durand).

GARRISSON Janine : *L'Édit de Nantes et sa révocation,* Seuil, 1985.

HUGUES Edmond, *Court Antoine : La restauration du Protestantisme en France au XVIIIe s,* Paris, Michel Lévy, 1872, 2 vol. ; *Synodes du Désert,* 1715-1793, Paris, Fischbacher 1885, 3 vol.

LABROUSSE Elisabeth : *La révocation de l'Édit de Nantes,* Payot/Labor et Fides, 1985.

MANEN Henri et JOUTARD Philippe : *Une Foi enracinée, La Pervenche,* Imprimeries Réunies, Valence, 1972.

Les mêmes, séparément : articles divers publiés dans « *Évangile et Liberté* », en particulier la Conférence de H. Manen « *Pourquoi les Protestants du Vivarais n'ont pas été camisards* » (29 octobre 1973 ds Ev. et Lib.).

MEYNADIER J.-L. : *Pierre Durand, Pasteur du désert et martyr,* 1864, Combier, Valence.

MEYSSONNIER (Pasteur) : *Mémoires* (un ex. aux archives de l'Ardèche).

MAYOR Frédéric : *La Famille Durand,* Réveil, 1985.

Rapports d'activité au Comité du Bouschet de Pranles, Musée du Vivarais protestant.

MOURS Samuel : *Le Protestantisme en Vivarais et Velay,* Imprimeries réunies, Valence, 1949.

Le Vivarais et le Velay protestants, imprim. réunies, Valence, 1947 ; *Portraits huguenots vivarois, Isaac Homel et son temps,* publication du Musée du Désert, 1945.

Le Protestantisme en France au XVIIe s., Imprimeries réunies, Valence 1967.

MOURS et DARCISSAC : *Deux Martyrs du désert : Fauriel-Lassagne et Morel-Duvernet,* Librairie du Velay, 1939, 270 p.

MOURS et ROBERT D. : *Le Protestantisme en France du 18e s. à nos jours,* Impr. réunies Valence, 1972.

PAYSAN G. : *Les Camisards du Vivarais* : Cercle de l'amitié, 1981.

Journal de Jacques de Beauvoir du Roure, Cercle de l'amitié, 1985.

REYNIER Élie : *Histoire de Privas,* Société d'imprimerie Habauzit, Aubenas, 1946.

Enfin ma gratitude va à tous ceux qui, par un renseignement, le prêt d'un document, un conseil, ont facilité mon travail ; à tous les membres du Conseil d'Administration de la maison des Durand ainsi qu'à Sœur Micheline, Conservateur, qui m'ont apporté une aide fraternelle.

Je dois une reconnaissance particulière à Monsieur Pierre Bolle (Université Pierre Mendès-France à Grenoble) qui a bien voulu lire mon travail, me donner des conseils d'historien et rédiger la préface de mon livre.

TABLE DES MATIÈRES

TABLE DES ILLUSTRATIONS

Achevé d'imprimer en juillet 1994
sur les presses de l'imprimerie Robert à Marseille
pour le compte des Presses du Languedoc
33, rue Roucher, 34000 Montpellier

Dépôt légal : juillet 1994